国語教育選書

国語教師のための「反論の技術」入門

論理的思考力を育成する学年別訓練法

内田仁志 著

明治図書

はじめに

本書は『国語教師のための「反論の技術」入門　論理的思考力を育成する学年別訓練法』とあるように「反論の技術」を習得することにより、児童生徒の論理的思考力を育成することをねらったものである。しかしながら文中でも述べているように本書で扱う反論は一般的な意味である「反論＝相手の意見に対し言い返すこと」を意味しない。本書で述べる反論は宇都宮大学の教授だった香西秀信が一九九五年に著した『反論の技術—その意義と訓練方法—』で紹介されたものを基にしたものである。正確には「反論＝相手の意見に対し言い返すこと」も本書の反論の範疇に含まれるが、香西の反論は「言い返すこと」だけではなく、それさえ習得できれば教室での議論指導は十分に達成できるとしている。

ここで本書の基になった『反論の技術』の著者である香西秀信（以下「はじめに」内のみ香西先生と表記。理由は後述）について触れておきたい。香西先生は一九五八年香川県に生まれ一九八七年に宇都宮大学教育学部に着任された。その教え子の末端にいたのが私である。当時、バブルの世を謳歌していた私（たち？）の泰平の眠りをさますほど、香西先生の授業は刺激に満ちたものであった。当時、議論指導のことなど何も分からず（当時の国語科は物語の詳細な読解が主流だった）、主張型反論（詳しくは本書参照）を繰り返していた私たちに論証を教え、話し方だけではなく作文指導まで網羅した授業は新鮮そのものだった。

それから卒業後、教職に就いてから私は様々な研究会に入ることができた。そして研究の成果として部分執筆した教育誌を近況報告も兼ねて香西先生に送っていたのだが、ある日、次のような手紙をいただいた。

「最近、よく本を送ってくるが、どういうつもりなのか。これを読んで私に勉強しろとでもいうつもりなのか」という怒りの表現（いつもの先生独特のジョークです）に始まり「このような部分執筆の本はいりません。だからもう送ってこないでよろしい。将来、あなたが全て書いた本が出たら、それを喜んでいただきましょう」と書かれていた。

今回、遅くなったが一冊の本に、しかも香西先生の著した『反論の技術』を基にしてまとめることができた。一般向けの記述が多かった香西先生の本とは違い、本書は小中学校の学年別に指導例をまとめたものである。どの指導例も私が該当する学年で実践したものであり、効果についてては自信があるが議論指導の授業に慣れていない子供たちもいるのでは、と思われる。その時はぜひ教師が教室の子供用に反論の訓練のための教材を自作していただきたい。本書のねらいに教師の議論指導の育成があるが、教材を自作できるような力がつけば自分の教える子供たちの実態から議論指導の意義、方法を理解し、批判的・論理的思考力を身に付ける指導法が確立できるはずだからだ。ここで批判的思考力というと否定的にとらえられることもあるが、それは間違いである。批判的思考力とは物事の本質を見極め、得た情報を自分なりに解釈しそれを発信することができる、情報社会の今に必須な能力である。自信を持って教室での議論指導に取り組んでいただきたい。

最後に本書は『実践国語研究』（明治図書）に二〇二二年から二〇二三年にかけて連載された「反論の技術を取り入れた国語授業づくり」を基にしたものである。今は亡き香西先生の学恩に報いることができた。

そして本書を通して「反論の技術」を取り入れた授業をする教室が増えてくれることを祈っている。

二〇二四年七月

内田仁志

目次

第３章　小学校低学年の授業例

第４章　小学校中学年の授業例

第5章　小学校高学年の授業例

第6章　中学校の授業例

第1章

「反論の技術」とは

第1節　『反論の技術』の歴史

1　『反論の技術』が出版された時代背景

読者の中には本節をご覧になって『反論の技術』と表記が『　』になっているのを不思議に思われた方もいるかもしれない。これは誤りではなく過去に『反論の技術』という本が出版され、本書はそこに書かれた「反論の技術」を紹介することがねらいだからである。同じ単語に「　」と『　』が使われて混乱させてもいけないので、まずは『反論の技術』の紹介からスタートしてみよう。

同書は一九九五年に宇都宮大学教授だった香西秀信氏（故人）によって著された教育書である。なぜ同書は出版されたのか。当時、どのような学力が求められていたかがその答えとなる。当時の学習指導要領では「自ら学ぶ意欲と社会の変化に主体的に対応できる能力の育成」が重視され、「基礎的・基本的な内容の指導を徹底し、個性を生かす教育の充実」などが目指されていた。具体的には「生活科の新設、思考力、判断力、表現力の育成」などが挙げられていた。国語科の目標には「国語を正確に理解し適切に表現する能力を育てるとともに、思考力や想像力及び言語感覚を養い、国語に対する関心を深め国語を尊重する態度を育てる」[1]とあり、読み取り中心の指導から「話す・聞く」音声言語指導の重要性が認識されつつあった。

その結果、授業ではディベートや討論など、様々な「話す・聞く」活動が取り入れられ、実践されるようになった。しかしそこに大きな欠陥があった。それは話すという活動だけが目的になっていて、議論の技術、とりわけ当時注目されはじめた「論理的思考力」が教えられていないということだった。これは無理のないことで、それまで物語文の「詳細な読解」を是としてきた国語教育に突然「話す・聞く」の学習が入ってきたのである。当然のことながら「話す・聞く」領域の学習を実践しても、その方法のねらいや効果的な指導法が分からず、とりあえず形だけを整えた授業になったのもやむを得ない。

そのような時代背景から香西が「議論の能力を短期間で効率よく向上させるために」訓練方法を紹介したのが『反論の技術―その意義と訓練方法―』（以下『反論の技術』と表記）である。特に「論証型反論」に限定して訓練を積むことにより、議論に必要な論理的思考力が育成できるとして国語教育界でのベストセラーとなった。

2　論証型反論とは？　反論の二つの型

香西によると反論は二つの型に分けることができる。一つは、「何かが起こった」「起こらなかった」というように相手の主張に反対をすることであり、これを「主張型反論」という。

しかしながらこの反論では相手の主張内容を吟味せずに、ただ反対意見を述べればよい。したがってこの反論では反対者側の意見の内容を分析し、不備を探すことはもちろん、反論の述べ方も身に付かない。相手の言うことの主張と根拠を見極め、その根拠を切り崩すことにより「相手の意見が成り立たない」という結論を導くという反論が必要になる。この反論を「論証型反論」といい、本書はこの形式を「反論」として扱う。この論証型反論の訓練を行うことにより、生徒は相手の意見の主張は何かを理解し、それを支える根拠が何であるかを意識するようになるのである。そして反論の構成も学ぶことができるようになる。

3　当時、求められた学力

1で少しだけ触れたが、『反論の技術』が出版された当時、どのような学力が求められたかを再検証してみよう。当時は平成元年度の学習指導要領の下で教育が行われていた。同指導要領のキーワードは「新学力観」である。すなわち「思考力・判断力・表現力などを重視した学力」が提唱されるようになったのである。これがいかに学習指導の変化をもたらしたか。『反論の技術』が出版される前の旧指導要領では国語科の目標は次のようになっていた。

国語を正確に理解し表現する能力を養うとともに、国語に対する関心を深め、言語感覚を養い、国語を尊重する態度を育てる。[2]

この旧指導要領で重視された国語科の学習を振り返ってみよう。「国語を正確に理解する能力」と「国語を使って正確に表現する能力」が求められ、具体的には物語文を詳細に読み取ったり論理構成の整った文章を書くことが求められるようになった。

そして平成元年度には次のように改定される。

国語を正確に理解し適切に表現する能力を育てるとともに、思考力や想像力及び言語感覚を養い、国語に対する関心を深め国語を尊重する態度を育てる。[3]

具体的には、「各教科等の学習活動においては、自ら考え、主体的に判断し表現することを重視した問題解決的な学習や体験的な活動を積極的に取り上げる。その場合、できるだけ子供が何が課題であるかを見いだし、それを追究する学習活動を重視する」という方針が打ち出されたのである。その結果、自分を他者に理解してもらうために「話す・聞く」学習をはじめ、「伝えるための書き方」「表現された媒体を読み取る力」「自分の意思を伝える力」「相手の表現を受け止める力」等の指導が急速に増加した。しかしながら子供の主体性を重視するあまり「子供が何か活動していればよい」という意識が教師に生まれ、知識の獲得が軽視され、活動あればよしとする「学力観」が跋扈することになってしまったことは否めない。特に議論指導においては議論が成立するための条件として、自説を明瞭かつ論理的に主張する力や相手の主張の論理的欠如を見抜いたり論拠を問い質したりする批判的に聞く力の育成が求められる。しかし当時の学校教育では批判的思考という概念は根づいておらず[4]、教育的な効果が分からないまま形だけの話合い活動が展開されることとなった。

ここで批判的思考について述べておきたい。学校教育においては批判というと、人や物事を「非難」することと同義ととらえられることが往々にしてある。しかしながら非難（相手の欠点や過失を取り上げて責めること）が否定的な行動であるのに対し、批判（物事の可否に検討を加え、評価・判定すること）は現状を向上させようという思考なのである。学校教育法第五十一条にも「個性の確立に努めるとともに、社会について、広く深い理解と健全な批判力を養い、社会の発展に寄与する態度を養うこと」とある。香西はそのような教育現場の現実を踏まえ『反論の技術』で批判的思考を取り入れた議論指導を実践しうるためには反論の訓練さえすればよく、学校教育で求められる技能は十分達成できるとした。

4　一般的な「反論」と「反論の技術」の違い（定義）

今までの記述から本書で述べる「反論」は『反論の技術』で紹介された反論であり、いわゆる反論全般に及ぶものでないことは理解していただいていると思う。ここではさらに香西が述べる反論を紹介し、一般的な意味での反論との差異を明確にする。

まずは一般的な意味での反論を述べる。辞書には「反対の立場から論じること」（出典：小学館『新選国語辞典　第十版』）」とある。つまり、

- **相手がいる**
- **相手の先行意見がある**
- **その先行意見に対し反対の意見を述べたり、批判したりすること**

が定義となる。

香西はこの定義について次のように異論を述べている。

意見とは本来「反論」である。

「相手が全員賛成ならば特に意見を言う必要はない」と述べ「意見を言うこと＝反論すること」と結論づけ、反対意見ばかりでなく意見を言うことも反論に含めている。これについては第3章以降でも紹介するので敷衍しておく。香西は「意見というのは本来的に対立するものである」と述べ、次のように続けている[5]。

意見を言うときには周りにその意見に対し反対する人、あるいは無条件で賛成できない人がいるはずである。

これは自分が意見を言うときのことを考えてみるとよい。例えば（ここでは意見を言う人が日本人であると規定しておく）「私は日本人だ」というようなことは改めて言う必要もないだろう。全員が自分の考えに賛成ならばわざわざ自分の考えを意見として言う必要がないのである。また「自然は大切だ」というような誰も反対できないような意見もわざわざ言う必要はないのである。逆に「自然は大切ではない」という主張をした場合、周りの「自然は大切だ」という多数派（一般的に認識されていること）に対して反対を述べているわけであり、このような主張を意見と呼ぶのである。さらに文章構造についても言及している。

「立論」→「反論」という順序は不正確である。

香西は「立論」が既に反論の性質を持っていると述べている。なぜなら意見を言うということは先行する意見に対する「異見」として生まれ、対立する意見に関して反論しているという性質を持っている。したがって「反論」という行為は、議論の一要素というものではなく議論の本質そのものであると結論づけている。

反論の重要性はこれで認識できたと思う。ここで反論に必要な条件について一つは明らかになっただろう。詳しくは第3節で述べるが、反論に必要な絶対条件として**「対立した意見」**が挙げられる。したがって反論の訓練をする場合、誰も反対意見を述べないような教材（誰も反対できないような考えを意見とは言わない）では反論の訓練は成立しないのである。

先ほどの「批判的思考」でも述べたが、学校教育では対立というと敬遠されがちだが、学校生活では往々にして意見が対立する場面はあるのである。具体例では実践編として第3章以降で述べたい。

5 「反論の技術」の必然性

ここでは、その「反論」の有効性を述べ、なぜ現在の国語教育に再び必要とされているのかを明らかにする。流行に左右されない反論の効果がお分かりいただけると思う。この流行に左右されないというのが大切で、学習指導要領の変遷を見ても、教育観がその都度変わっているのが分かる。しかし社会に送り出す子供たちが時代によって違った教育観を持ってはいけない。反論の訓練はいつの時代でも必要なのである。

①反論は議論を保障する

まず議論とはどういうものであるか考えてみよう。議論とは対立する意見に対し反論を加えることである。すなわち反論がなければそこで議論は終了となるのである。議論の順序を考えてみよう。

- **議論の開始→先行意見に対する反論を主張する**
- **議論の継続→相手の意見に対する反論をする**
- **議論の終了→相手の意見に反論がなくなる（できない）**

このように議論には全て反論が関わっているのである。したがって教室で議論を指導する場合、反論の訓練をすることとは必要不可欠である。

②反論を学ぶことで論理的思考力が学べる（文章構成が理解できる）

ここでは2で述べた主張型反論と論証型反論を比較することにより香西が述べる反論が論理的思考力の育成に有効であることを論証しよう。主張型反論ではお互いの主張が対立するだけであるが、論証型反論の場合、必ず意見には主張があり、その主張を補完する理由が必要である。相手はその理由に対し反論を加え、主張が成り立たないという学習活動をとることになる。すなわち主張とそれを支える理由という論理的な文章構成を身に付けることができる。具体的な学習活動は第3章の低学年編で紹介する。

③反論は自分の立論を強化する

前項で意見とは反論であると述べたが、ここでは自分が意見を述べるときに反論が有効であることを述べたい。意見は本質的に反論であるが、意見を述べるときはその意見が賛成であることを前提に述べているので反論はなかなか思いつかない。しかし反論の訓練を続けることで自分の意見にも反論の余地があり、相手に反論させないように自分の意見を再構築するのである。具体的には第4章の中学年編で紹介する。

④反論は物語の主題をつかむ

反論は文章構成があり、主張とそれを支える根拠から成る。人によって同じ物語を読んだとしても感じ方が違ってくる場合がある。物語の主題を考えるときには「自分はこう読める」「根拠は○○だからである」という意見、それに対する反論を繰り返すことで自分と違った読みに気がつき主題に迫ることができる。詳しくは第5章の高学年編で紹介する。

以上、反論の有効性を述べた。このように授業のあらゆる場面で反論は活用できるのである。

第2節　「反論の技術」の有効性

1　反論の効果について

前節でも触れたが反論の効果についてここでもう少し詳しく触れてみよう。この節では特に反論が授業においてどのように効果をもたらすかを中心に述べることにする。そもそもなぜ教室では議論指導が活発でないのかを考えてみたい。

現在の教室で求められているもの、それは「対話」である。ペアで、あるいはグループのような少人数での「話合い」と称した対話型の授業がよく見られる。しかし対話は辞書的な意味では「二人で話し合う」ことが目的でありお互いの考えの確認にとどまることが多いようだ。結論を出さないことでお互いのコミュニケーションを図る場でもあり、答えを出すことが目的ではなく、教師としては子供同士の話合いの機会を与えたり、他人の答えを聞いたりするという学習の目的のために用いられる手法である。対話では相手の考えを否定しないことも特徴の一つであり、この点が議論と決定的に異なる。議論では相手の意見に反論を加える活動を繰り返すことにより、最終的には一つの結論を導くことになる。しかしながら今回の指導要領の改訂でも「対話的な学び」とあるように議論は主流ではないようだ。批判が非難でないことは前述したが意見の否定を自分という人格の否定ととらえてしまう傾向があるため、教室では議論はなかなか活発化しない。しかしその考えは誤りである。議論そのものである反論は次のような効果がある。

①反論は論理的思考を保障する（主体的な学び）

前述したように議論とは相手の意見に対し反論を述べていくことである。反論を加えながら自分の立場や意見を明確にして、相手の意見との同意点や相違点を理解して、相違点がある場合には相手を納得させるように反論する学習である。そのために議論で必要なことは次の通りである。

●自分の明確な意見。そしてその意見を相手に分からせる表現力→結論に至るまでの道筋を考える

●相手の意見を理解する能力。自分の意見との同意点、相違点を明確に理解する能力→自力で考える

●さらに相手を納得させる表現力→相手を粘り強く説得する

→以降は主体的な学びの授業改善の視点を述べた。このように議論指導は主体的な学びを確保するのである。

②反論は自分の立論を強化する（対話的な学び）

議論では相手に自分の考えを理解してもらうために、立論を他者に分かりやすいような論理性の整った文章にまとめることが必要である。すなわち自分の立論をまとめる過程で相手に分かりやすい文章構造にすることが求められる。相手が何を反論してくるかを考えることは大いに他者意識、コミュニケーション能力の育成につながる。議論は対話的な学習もカバーするのである。

③反論は他教科への波及、生活にも役立つ（深い学び）

反論の訓練を繰り返し、物事を批判的に見る力、相手を説得する力は他教科にもよい波及効果をもたらす。詳しくは第6章の中学校編で述べたい。このように議論は深い学びも実現しているのである。

2　現在求められている学力

現行の学習指導要領で求められている力を端的に述べてみる。筆者は現在、教員志望の大学生を教えている。当然のことながら教員志望の大学生に対しては学習指導要領の総則をよく読むように話している。そしてキーポイントについては必ず特別に取り上げて説明するようにしている。今回のキーポイントは「学びの地図」として以下の六つの方向性が示されたことである[6]。

❶「何ができるようになるか」（育成を目指す資質・能力）
❷「何を学ぶか」（教科等を学ぶ意義と、教科等間・学校段階間のつながりを踏まえた教育課程の編成）
❸「どのように学ぶか」（各教科等の指導計画の作成と実施、学習・指導の改善・充実）
❹「子供一人一人の発達をどのように支援するか」（子供の発達を踏まえた指導）
❺「何が身に付いたか」（学習評価の充実）
❻「実施するために何が必要か」（学習指導要領等の理念を実現するために必要な方策）

なぜこのような方針が示されたか、本来学習指導要領というのは教員のみが周知していればよいはずだ。それを学びの地図として明確に打ち出したということは「まえがき」にもあるように「社会に開かれた教育課程」であることを宣言したわけである。いわば学習指導要領が学校と社会や世界との懸け橋になり、未来まで続く学習の方向性を示す役割となっているのである。

ここで国語科の授業において特に重視することを取り上げておく。授業に直結する内容は特に❶、❸、❺の内容である。

①「言葉」を学ぶとは？

現行指導要領の特徴を一つ紹介したい。

〔思考力、判断力、表現力等〕の項目において「A話すこと・聞くこと」領域で全学年とも（指導する）事項について「指導する」から「身に付けることができるよう指導する」と明記されたことが挙げられる。

このことは学習内容を定着させるようにという方針に他ならない。では定着させる内容は何か。これも学習指導要領解説によると「言葉による見方・考え方を働かせるとは、児童（生徒）が学習の中で、対象と言葉、言葉と言葉との関係を、言葉の意味、働き、使い方等に着目して捉えたり問い直したりして、言葉への自覚を高めること」[7]とある。つまり言葉に着目することとなっている。この結果、どういう学習が多くなったか。渋谷孝は「『国語』科の時間の、特に説明的文章の読解指導において、実物や図鑑などを使って事柄について調べる」[8]と言葉を離れ、理科の調べ学習のような時間が増えていると警鐘を鳴らしている。確かに、発展と称し教科書に出てきた事柄を自分で「主体的な方法」でさらに詳しく調べ、グループで「対話」をし、それを発表して考えを「深化」させるという学習過程をよく見るようになった。

しかしながら国語の学習では理科、社会のように書かれている内容を理解することが目的ではない。書かれている内容を理解したら、どのように書かれているから分かりやすいのか、作者の論理性を理解することが目的なのである。当然のことながら学習評価においても教科書に書いてある内容が分かったという視点ではなく、このことを理解させるためにこのような表現の工夫をしていることが分かったという視点が求められる。授業者としては国語で「言葉」を学ぶということを理解して授業に臨む必要がある。

3 「反論の技術」で主体的・対話的で深い学びを達成する

前節で学習指導要領について述べ、どのような学習が求められているかを簡単に紹介した。ここではその求められている学力を反論でどのように達成できるかを述べる。

①主体的な学びのために　求められる学力を明らかにする

まず明らかにしたいのは求められる学力である。前項のように現行学習指導要領は「学びの地図」として六つの方針を明確にしている。それが描く子供像は「教師から何を教えられるか」という待ちの姿勢ではなく、自らが「この授業で何を学ぶのか」という明確な目標を持ち、「解決する見通し」を持って授業に臨み「何を学んだか」を端的に理解し表現しなくてはならない。このように自分から学習を進めていく「主体的な学習態度」が必要なのである。求められる学力をまとめてみよう。

- この授業で何を学ぶか、明確な学習課題を持つこと
- この学習で「何を学ぶか」という明確な見通しを持って授業に臨んでいること
- 授業の到達点を自覚し、学んだことが正確に表現できること

②対話的な学びのために　どのように学ぶか、学び方を明らかにする

学習指導要領の「まえがき」に書かれているが今回の改定のポイントは「社会に開かれた教育課程」が明記されたことである。では具体的にこれからの時代に求められる教育を実現していくために必要なこととは何だ

ろう。

次の三点に集約される。

●「よりよい学校教育を通してよりよい社会を創る」という理念を学校と社会で共有すること

●それぞれの学校で、どのように学び、どのような資質・能力を身に付けられるようにするのかを明確にすること

●社会との連携や協働によりその実現を図っていくこと

ここから読み取れることは、学校は独自に教育を展開していくのではなく学校外の社会と連携して子供を育てていかなくてはならないということである。いわば「学校と社会の協働関係」を築いていくことが求められる。学校の主体者である子供も他者との連携、コミュニケーション能力が求められる。このように他者と連携できる能力を学校でも育てていかなくてはならないのである。

③深い学びのために　何が身に付いたかを明らかにする

何が身に付いたかについては質を吟味する必要がある。すなわち教科書に出てきた事柄について調べ「理解が深まった」という理科や社会のような図鑑的な知識ではない。国語科の学習では、表現の工夫や語彙など言葉について理解し、それを次時の学習や他の教科に使えるようになってこそ、学びが深化したというべきだろう。

それでは「主体的・対話的で深い学び」に反論がどのように有効かを検証しよう。

4　反論は主体的な学びを育てる

子供たちの主体的な学びのために教師に必要なことは以下の三点である。

- 導入において子供が興味を持つ学習課題を提示すること
- 一時間の学習の見通しを持たせること
- 「できた」「分かった」を子供に明確に自覚させるように振り返りを行うこと

一方、子供の視点に立つと以下の三点になる。

- 明確な学習課題を持つこと
- 学習のゴールを明確に理解し、解決に向けた見通しを持つこと
- 学習の終わりに国語科として何を学んだかを理解すること

次に学習課題の設定、学習過程、振り返りにおいて反論はどのように有効かを述べる。

①反論は明確な学習課題を保障する　学習課題がなくては議論にならない

学習課題について問う前に、その時間に扱う教材について見てみよう。教材について香西は次のように条件を挙げている。

❶主張が明快であること
❷その主張を支える根拠がきちんと書かれていること
❸ある程度の長さを持っていること

❹論じるのに特殊な専門的知識を必要としないこと
❺子供の現在の生活から遊離したものでないこと
❻読み手を意識し、挑発的な文章で書かれていること

この条件に適合する教材文はどういうものか考えてみよう。この教材文の条件に対し一致するのは賛成か反対かの立場で相手を説得せよという学習課題しかない。すなわち反論を取り上げることは明確な学習課題の設定を導くのである。

②反論は思考の発展を保障する

一時間のゴールとして教師は学習課題の解決に向けて授業を進めているはずである。そこには当然のことながら自分の考えを持った子供がいて、その考えが正しいかどうか考え、より高次な考えに導くような学習過程が展開されるはずである。その高次の考えに導く一連の学習過程を反論は保障する。

香西は「異なる意見の対立によって問題を深めていくということが、われわれの思考の働きそのものだからである」[9]と述べて反論の有効性を述べている。これは当然のことで、ある問いに対して答えを出しても、その答えが最適かどうか自問し検討を加えることは自然に行っていることである。この検討の過程が反論を加えるということになる。つまり最初の考えがある。その考えに対して対立する考えを作り出す。その対立により最初の考えを否定する。新しい答え（結論）にさらに反論を加える。その繰り返しによって考えが深まっていくのである。そして反論が尽きたときが自分の考えが確定したときである。

振り返りについては自分のどの反論が有効だったか、議論が終着したときの反論を思い出してみる。最初の考えよりも格段に意見がよくなっていることが分かるだろう。

5　反論は対話的な学びを育てる

①なぜ対話が必要？

前にも触れたが現在の学校は独自社会を築くものではないこと、学校独自で運営していくのではなく学校を構成する教職員と子供、さらに家庭（保護者）、地域とが一体となってその地域の子供たちの成長を助けていくのである。その社会で暮らす子供たちには当然のことながらコミュニケーション能力が必要になる。授業では単なるおしゃべりではなく「対話」が求められる。

ではなぜ対話なのだろう。対話が成立する条件を考えてみよう。

対話が成立する条件として村松賢一は（1）発話がすれ違わず交流すること。（2）その話合いが明確な主題か目的を持っていること。（3）他者と向き合う関係で成立することと述べている。要するに敢えて異なる視点を導入することで同質性（隣り合わせの関係）を崩し、対峙性（向かい合わせの関係）を作り出すことが対話の原動力なるのである[10]。

②対話とは議論そのものである

村松の考えを踏襲すると対話とは「共通の題材を用いて明確な目的に向かって視点の異なるもの同士が話合いを続け結論を導く」という学習活動になる。これは議論そのものである。以上のことから対話とは議論そのものであるということができる。ではなぜ結論を求めるために他者との対話を求める必要があるのだろうか。

議論は相手を説得するわけであるから、そこに相手がいるはずである。その相手は自分と意見が違う存在である。当然のことながら相手を説得するための自分の反論もより高次元のものとなる。そのことを香西は意見文と比較し次のように述べている。

> （一）意見文の場合、反論してくるのは頭の中のフィクションとしての他者であるのに対し、討論の場合は、現実の「真の」他者である。（二）意見文においては、自らの誠実さの身を頼りに、意識的に自問自答を繰り返さなければならないが、討論では、こちらが努力しなくても相手が勝手に反論してくれる。（三）意見文の構想の際に思いつく議論・反論は、自分の知識発想の枠から出られるものではないが、討論の場合はそれが「真の」他者によるものだけに、こちらが思いもしなかったようなものが出てくる可能性がある。（中略）つまり、思考を深めることにおいて、討論は意見文よりもいくつかの点で有利な条件をもっているのである[11]。

このように相手がいることにより、必然的に自分では考えられないより高次元の反論を相手が考えてくれるわけである。ここに対話的な学びの利点がある。

③「議論」と「討論」の違い

香西は敢えて「討論」という言葉を使っている。ここで議論と討論の違いを明らかにしておく。両者の違いは目的である。議論は「他者と自分の考えを言い合うこと」であり「目的はよりよい結果を導くこと」であるのに対し、討論は「議題について最良と思われる結論を導くこと」であり「目的は相手を言い負かすこと」である。香西は反論の有効を証明するために敢えて「討論」という言葉を使っているが、これは対峙性をより強調させたいからだと思われる。「対話」「議論」「討論」は混同されて使われることが多いが目的や形態を把握して授業に臨む必要があるだろう。

6　反論は深い学びを保障する

様々に議論されている「深い学び」であるが、定義があいまいなことは否めない。ここでは学習指導要領に立ち返って深い学びを定義してみよう。

学習指導要領では次のように定義されている。

> 習得・活用・探究という学びの過程の中で、各教科等の特質に応じた「見方・考え方」を働かせながら知識を相互に関連付けてより深く理解したり、情報を精査して考えを形成したり、問題を見いだして解決策を考えたり、思いや考えを基に創造したりすることに向かう（省略）[12]。

①「各教科の特質」とは

国語科の授業の特質を考えてみる。それは「テキスト、自己認識、他者の認識、そしてそれらの交流を通して主体的な表現者を育てる」ということになるだろう。

②「知識を相互に関連付ける」とは

知識を相互に関連するためには他者との交流しかない。テキスト（教科書などの教材）を通してまず自分の考えを形成する。そしてその考えが妥当かどうか、自分で問うのではなく他者との交流を通して考える学習過程をとるのである。

③「より深く理解したり、情報を精査して考えを形成したり」とは

これは前述した対話的な学習を言い換えたものといってよいだろう。自分の解釈と他者との解釈を対話を通して意見を高めていく。そしてその解釈にたどりついた根拠（理由）を話し合いながら考えを深めていくのである。また「情報を精査して」というように情報を鵜呑みにするのではなく、自分で調べた情報を取捨選択する能力を身に付ける必要がある。このことについては第6章の中学校編でメディア・リテラシーについて説明するのでそちらを参照してほしい。

④「思いや考えを基に創造したりする」とは

創造という言葉がヒントになる。学習を理解するだけではなく学んだ「言葉」を「主体的に」使いこなす子供の育成が求められる。つまり「進んで伝えたい子」「進んで読みたい子」を育てるのである。

以上が国語科での「深い学び」である。反論は「自分の考えをまとめる（自己認識を持つ）」「他者との交流を通して自分の考えを深めていく」「情報の取捨選択を行う」「学んだ学習内容を他の教科に関連させたり、生活に役立てる」という学習過程をとる。反論の学習過程をとることで深い学びを実現することができるのである。

第3節　「反論の技術」の訓練例

1　反論の訓練に必要な条件

前述したが『反論の技術』の著者である香西は教材文の条件として次の六つを挙げている。

❶主張が明快であること
❷その主張を支える根拠がきちんと書かれていること
❸ある程度の長さを持っていること
❹論じるのに特殊な専門的知識を必要としないこと
❺子供の現在の生活から遊離したものでないこと
❻読み手を意識し、挑発的な文章で書かれていること

以上の条件がそろった教材文を使うことにより、反論の文章が書きやすくなる。では具体的に見てみよう。

❶については論を要しないだろう。主張が明快でなければ（何を言っているのかが分からなければ）賛成も反対も立場を決めることができないのだから。

❷については論証型反論の形態をとるために必須の条件といってよいだろう。主張型反論では❶の主張に対して反対するだけでよいのだが、論証型反論では主張を支える根拠に対して反論を加えるのだから。したがって必ず主張を支える根拠が明確に分かる文章になっている必要がある。

❸については❶と❷の補助条件といってよいだろう。つまり論じるのに必要なだけ詳しく書いてあることが求められる。そして反論の文章を書きやすくするために根拠が複数ある場合、どれも長さが同じくらいであることが望ましい。一つの根拠が分量がたっぷりあり、もう一つはわずか数行で終わってしまったりすると理由の重要性に軽重がついたようにかん違いしてしまう。反論の文章の型は後で説明するが、根拠に対する論証はだいたい同じ分量となる。したがって教材文も根拠がだいたい同じ分量の方が子供は文章構造をよくとらえることができ、内容もよく理解できると思われる。

❹については、教材文が取り上げている内容が専門的だと子供はその物事に興味が移ってしまい反論に興味が向かなくなるのである。また一般常識ではなく専門的な話になると、子供によって知識量に個人差がある。議論では論じる内容の知識が豊富な方が絶対に有利である。したがって教材文については専門性がない方がよいのである。

❺は❹とも重複するが、専門性を必要とせずに現在の子供の生活から遊離していないものが望ましい。また教材文が子供の生活から遊離しないものを選ぶと、議論で得た結論を実際の学校生活に取り入れることができる。これは深い学びの実践にもなるものである。

❻は教科書ではなかなかお目にかかれない。教科書に収録される意見文は中立的な文章が多い。だから教師には文章をリライトする能力が求められるのである。

以上、教材文の選択の条件を挙げた。次項では実際の教材文を挙げてみる。

2　訓練例・教材文の提示

反論の訓練1　教材文の選択と分析

①教材文を選択する

前項の教材文の選択の条件を満たした教材文を取り上げる。次の教材文を児童に与える。

> 私は運動会の徒競走に不満があります。それは徒競走の組み分けが機械的に背の順で決められてしまうことです。だから組によってはあまり走るのが得意でない子が一位になったり、速い子と遅い子が走るとすごく差がついたりします。柔道やボクシングが体重別で分かれているように本来スポーツは力の同じ者どうしが競い合うものです。だから運動会の徒競走も前もってタイムを計り、同じレベルの子どうしで走るように組み分けすべきです。
>
> 児童S

②陥りやすい誤りに注意する

この教材文を与え賛成か反対か何も指示せずに議論させたとしよう。そうすると徒競走の組み分けをすることがよいか悪いか等、Sの意見とどんどん論点が離れていってしまうだろう。まさに「主張型反論」の自分の主張の言い合いだけに終始してしまう。したがって「論証型反論」を教え、あくまでSの意見、徒競走の組み分けの仕方に対して反論が述べられるように指導していく必要がある。

③主張とそれを支える理由を確認する

Sの主張とそれを支える理由を確認しよう。教材の条件❸の教材文の長さで触れたが、このように主張と理由が一文ずつで構成されていると訓練初期の段階では文章の内容が理解しやすい。Sは「スポーツは同じ力どうしの者が競い合うべき。だから運動会の徒競走もタイム別にすべき」と主張する。理由として「柔道やボクシングは体重別にして力の同じ者どうしが戦う」としているのである。

④理由に対し反論を考える

反論を考えるために「徒競走」と「柔道やボクシング」の違いを明確にする。

●違い1 「参加の条件」と「結果の条件」

「柔道やボクシング」は体重別という、いわば「参加の条件」が同じです。だから勝負はやってみなければ分かりません。一方、「徒競走のタイム順」は勝負した後の結果で分けられています。

●違い2 クラス分けの理由

「柔道やボクシング」が体重別に分けられているのは勝敗ではなく危険性です。ボクシングでヘビー級とフライ級が戦ったらどうなるかを想像してみてください。そのような危険をなくすためにクラス分けを実施しているのです。だから「徒競走」とは比べられません。

以上、教材文を分析し反論の文章を考えてみる。

3　訓練例・反論の仕方の説明

反論の訓練2　反論の文章の指導

反論の文章は無手勝流ではなく必ず文章構成を指導することが必要である。文章構成を教えることが論証というテクニックを教えることになるのである。

学習過程は次のようになる。

①文章構成の指示を与える

次のような文章の型を教える。

●自分の立場の表明

反論なので「反対です」と表明する。ここで授業では「自分の考えと違うことを指導すべきでない」という人が多いがそれは誤りである。自分の考えに自問するときには必ず反論を加えるはずである。したがって教材文の主張に対しては賛成でも反対意見を考えるべきなのである。

●反論する箇所の引用

必ず反論する相手の主張を「引用」する。そうすることにより何に反論しているかが明確に伝わる。

●反論

反論を「箇条書き」にする。そして結びの言葉を書いて終了となる。

②反論の文章例

実際の反論の文章は次のようになる。

私はSさんの意見に反対です。【自分の立場の表明】

Sさんは「柔道やボクシングが体重別で分かれているように本来スポーツは力の同じ者どうしが競い合うものです。だから運動会の徒競走も前もってタイムを計り、同じレベルの子どうしで走るように組み分けすべきです」と主張しています。しかし私は次の理由でSさんの意見に反対します。【反論する箇所の引用】

第一に、「柔道やボクシング」は体重別という「参加の条件」が同じです。だから勝負はやってみなければ分かりません。一方、「徒競走のタイム順」は勝負した後の「結果」で分けられています。【反論一】

第二に、「柔道やボクシング」が体重別に分けられているのは勝敗ではなく危険性です。ボクシングでヘビー級とフライ級が戦ったらどうなるかを想像してみてください。危険をなくすためにクラス分けを実施しているのです。【反論二】

以上の理由によりSさんの意見は成り立ちません。【結語】

もしかしたらあまりに無骨な文章なので自分の文章とは違い、拒否反応を起こす方もいるかもしれない。しかしこの段階の学習は文章構成を学ぶことが目的なのである。したがって絶対に指導ではこの文章構成を守らせる。評価についても評価規準は文章構成を守ったかどうかに観点を与えることにする。

次にこの訓練で学ぶ言語技術を明らかにする。

4　反論の訓練で学ぶ言語技術

今回の反論の訓練で得られた「言葉」の効果についてまとめてみよう。次の三種に類別される。

①効果一　反論は文章構成が身に付く

前項で反論の文章を書くときは「自分の立場の表明」→「反論する箇所の引用」→「反論一」→「反論二」→「結語」という文章構成にするように指導した。この文章の型を教えないと子供たちの反論は教材文に向かうことなく、相手の主張に対して「賛成」か「反対」を言い合うだけになってしまう。こうすると議論が深まることなくただ自分の主張を言い合うだけになってしまう。必ず文章構成は事前に教えておくようにする。

②効果二　必ず引用すること

論証の指導で大切なのは必ず相手の意見に対して反論を加えることである。そのために相手の主張の根拠を必ず取り上げ、そこに反論を加えるようにする。このように反論は引用という言語技術が学べるのである。

③効果三　箇条書きの効果を学ぶ

箇条書きは文章構成の役割がきちんと分かるように必要なことである。箇条書きをするだけで論理構成のしっかりした文章となり見栄えが確実によくなる。

一言付言する。このような言語技術の指導は必ず事前指導をすることである。事後指導しても子供の関心は薄れ教育的効果は極めて少ない。言語技術は必ず事前に説明しておくべきだ。

1 「小学校学習指導要領（平成四年四月施行）」、国立教育政策研究所。
2 「小学校学習指導要領（昭和五五年四月施行）」、国立教育政策研究所。
3 前掲書1
4 二〇一八年に実施された第三回「国際教員指導環境調査」（ＯＥＣＤ実施）でも「批判的に考える必要がある課題を与える」という質問に「しばしば」「いつも行う」と回答した日本の小学校教員は十一％強であり、参加四八か国の平均六一％を大きく下回り圧倒的最下位である。
5 『反論の技術―その意義と訓練方法―』、明治図書出版、一九九五年、一八頁―二一頁。
6 『小学校学習指導要領（平成二九年告示）解説　総則編』、文部科学省、二〇一七年、二頁。
7 『小学校学習指導要領（平成二九年告示）解説　国語編』、文部科学省、二〇一七年、一二頁。
8 「『言語』教育の現状と課題―国語科教育は言語の学習であったか―」、全国大学国語教育学会編『国語科教育研究5「言語」教育の理論と実践の課題』、明治図書出版、一九八七年、一二頁。
9 前掲書5、三七頁。
10 村松賢一、『対話能力を育む話すこと・聞くことの学習―理論と実践』、（二〇〇一年）二〇〇九年、明治図書、四二頁―四三頁。
11 前掲書5、三九頁。
12 前掲書6、七七頁より一部抜粋。

第2章

「反論の技術」を取り入れた授業のつくり方

第1節　教材文の選択

第1章で反論の文章の作り方について教材文を挙げて説明した。本章ではできるだけ具体的にどうやって反論の授業を組み立てていくかを論じてみたい。

1　教材文の条件

①再び香西の教材文の選び方を見る

再び香西の教材文の条件を挙げてみよう。

❶主張が明快であること
❷その主張を支える根拠がきちんと書かれていること
❸ある程度の長さを持っていること
❹論じるのに特殊な専門的知識を必要としないこと
❺子供の現在の生活から遊離したものでないこと
❻読み手を意識し、挑発的な文章で書かれていること

②教科書教材は段階的に論理構成を教えている

教科書教材から「話す・聞く」領域に関してどのように工夫がなされているか見てみよう。参考にしたのは光村図書教科書（令和二年度版）である。これは特に意図があるわけではなく、筆者の勤務した地区が光村図書を採択しており、また小一から小六まで担任したことがあるので教材もよく知っているという理由による。特に香西の教材文の条件と論理性に着目して見てみる[1]。

一年生……既に論理的な学習が入ってきており上巻の「わけをはなそう」では因果関係を、「すきなもの、なあに」では友達からの質問に答える形式をとっている。

二年生……上巻、下巻とも、どの教材も友達どうしで交流し、質問をしたり考えや感想を伝えたりすることを通して人間関係を深めることを主眼としている印象である。対話的な活動を重視していることがうかがえる。

三年生……上巻ではグループ活動を、下巻では国語や図画工作などで作った作品を紹介する「これがわたしのお気に入り」を通してスピーチを学習することになっている。

四年生……上巻でメモの取り方など聞き方にシフトした単元が出てくる。そして三年生同様、下巻では「調べて話そう、生活調査隊」でスピーチを教えることになっている。

五年生……「話す」「聞く」ともバランスよく単元が配置されている。また特定の立場に立って意見を述べ合ったり、コミュニケーションについて考えたりするなど、対立する意見があることを予測した単元が多く収録されている。つまり反論を意識した単元が登場してくるのである。

六年生……主張・理由・根拠を明確にして自分の考えをまとめておくこと、目的や条件に照らし合わせて話し合い、問題点を明らかにしながら協働的に解決策を作り出す力を育てる単元がある。これは議論かというとそうではなくて対話形式で進めることになっている。

具体的な教材名については章末の注欄に示したのでそちらを参照してほしい。

このように教科書の配列は低学年から論理性を重視し、中学年から「聞く」活動を重視しはじめ、高学年で主張と理由などを区別するようになっている。段階を追って論理的思考力が深まるようになっている。

また題材は一貫して学校生活のことが取り上げられており、香西が述べる児童の生活と遊離しないことと合致している。

本書では以上の学年ごとの教材配列を考慮して低学年では論理構成の整った文章の書き方、中学年では「聞く」活動を意識した主張の仕方、高学年では低中学年での指導を踏まえ、議論の仕方について第3章以降の実践編でページを割く予定である。

③「話す・聞く」領域での指導観の違い　なぜ議論を取り上げるのか

教科書教材の「話す・聞く」領域での教材の指導観はなんだろう。光村図書の「編修趣意書」では、「コミュニケーション」や「相手の意見を尊重する」等の人間関係に類する言葉が見られる。また五年生教材の「意見が対立したときには」では、「人」と「意見」を区別するという一項が設けられ、人間関係についての記述がある。

議論の目的は人間関係を深めるためではなく、よりよい考えを導くためである。この点を学級経営等でしっかりと指導してから議論指導に臨むことが必要である。

2　教材文の選択

五年生の単元「グラフや表を用いて書こう」（光村図書、令和二年度版）がある。この単元は明確に自分の主張を展開している。それを支える理由もある。生徒の生活から遊離しないなどの教材文の条件を満たしている。この教材を使って反論の訓練の仕方を学んでいこう。作者は白石さんと記されている。

社会は、くらしやすい方向に向かっている

白石有一

ぼくは、日本の……　……でごみを出さない
ようになってきて……
上のグラフは、……　……、どちらもだんだ
ん排出量が減って……　……の一人一日当たり
の排出量を比べて……　……で、約一七〇グラ
ム減っていること……　……出さないくらしに
向かっていくこと……
……ごみの少な……　……。日本の社会は、
くらしやすい方向に向かっていると思います。

教科書
p.152　l.2
～p.153　l.5

次節以降でこの意見に対する反論の仕方を述べる。

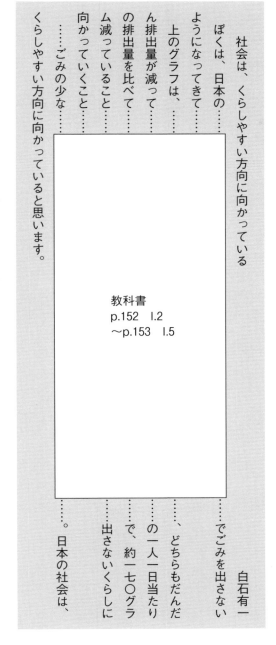

第2節　必要な文章構成

1　主張を支える理由の必要性

教科書に入る前に一般的な反論の訓練の仕方を説明しておこう。特に主張を支える理由の必要性である。

①初歩段階の「反論の技術」の訓練

なぜ主張には理由が必要なのか。次のような経験はないだろうか。反論のやり方を指導せずに子供たちに討論をやらせるとどうなるか。次のようなテーマで話し合ってみよう。

テーマ「学校給食の形態について話し合おう」
生徒A「カフェテリア方式がいいです」
生徒B「反対です。給食方式でいいです」

これは極端な例だが実際の議論ではこのようにお互いの主張を言い合うだけの「話合い」をよく見かける。このような話合いは次のような欠点がある。

●自分の説を一方的に述べるだけなので主張に論理性はいらない（論理的思考力が育たない）

●相手を説得することを考えなくてよい（他者意識が育たない）
●議論に発展性がない（議論が平行線のまま。討論の技術も他に転用できず深い学びが育たない）

第1章で述べた反論の有効性を全て否定する結果となった。つまり今の学力観で求められる「主体的・対話的で深い学び」が育たない。

ではどうすればよいか。ここで議論を深めるために主張を支える理由が大切になるのである。

②主張には必ず理由をつけること

生徒Aの主張に理由をつけてみよう。次のような文章になる。

> 生徒A「今の給食方式には反対です。なぜなら食べる量は人によって違います。それから食べ物には好き嫌いもあるからです。だから給食はカフェテリア方式がいいです」

生徒Bはどのように反論すればいいだろうか。

●生徒Aの意見に対し反対だと述べる←反論なので反対の立場を明確にする
●生徒Aの主張と理由を確認する

生徒Aの主張は「今の給食方式はやめよう」ということである。そして理由は「食べる量は人によって違う」と「人には好き嫌いがある」になる。そして「カフェテリア方式がいい」という結論を導いている。ではこの意見に反論してみよう。

●理由に対して反論する

「ぼくはAさんの意見に反対です。なぜならAさんは食べる量は人によって違うと言っていますがこれは盛りつけのときに気をつければ済みます。そして好き嫌いのことですが学校給食は好き嫌いを少しずつ減らしていく場でもあります。以上のことからAさんの意見は成り立ちません」という反論が成り立つ。

2 教材文の分析（理由と主張の確認）

①教材文を分析する

理由の大切さを説明した後で白石さんの教材文（四三頁）を見てみよう。この教材文の主張と理由を挙げてみよう。

②主張を確認する

教材文の作者である白石さんの文章を分析してみよう。まず主張の確認である。なお本時のテーマは「日本はくらしやすい方向に向かっているか、向かっていないか」である。

白石さんの主張は冒頭に述べられている。

● **「ぼくは、日本の社会は、くらしやすい方向に向かっていると思います」**

次にこの主張の理由を探す。本教材の場合、主張に続けて「なぜなら」という理由を付け加える接続語がついているため、比較的理由は分かりやすい。

③理由を確認する

●「社会全体で、ごみを出さないようになってきているからです」

この教材文はグラフや表を用いての説明の仕方を学ぶことがねらいなので実際の教科書ではグラフが出ている。その説明の仕方は他に譲るとして、ここでは教材文を分析する。

主張と理由の後の段落が長いので理由が隠されているように思うが、よく読むと、この段落は社会全体でごみを出さないようになってきたかの数字的な裏付けを述べているのに過ぎない。

そしてだめ押しで表現を変えて日本の社会がくらしやすくなっているのはごみが少なくなっているからであると述べている。白石さんは自分がくらしやすいだけではなく地球環境にまで話題を広げ、

●「ごみの少ない社会は、自然にも、人がくらす環境にも、やさしい社会といえるでしょう」

と述べている。つまり事実と白石さんの思いの両面から繰り返し理由を述べているのである。白石さんの文章の骨子をまとめる。

> 日本の社会は、くらしやすい方向に向かっている。（主張）
> 社会全体で、ごみを出さないようになってきているからだ。（理由と事実の提示）
> ごみの少ない社会は、自然にも、人がくらす環境にも、やさしい社会といえる。（理由の言い換え）
> 以上のことから日本の社会は、くらしやすい方向に向かっている。（結論）

なぜ白石さんの文章を教材文として選んだか。上述した六つの条件に当てはまることはもちろんだが、一番の理由は主張と理由が明確に分かるということだ。これは授業の大事な点で、議論に慣れていない子供には「何が言いたいのか」がはっきり分かる文章を教材として与えるべきなのである。

3　理由に対して反論を考える

白石さんの「ごみの少ない社会はくらしやすい」という理由に対しての反論は次のように指導する。

①「白石さんが提示した事実例」への反論

白石さんは事実としてグラフを提示し、二〇〇六年から二〇一五年までにごみの排出量は減っている。だから社会はくらしやすいと結論づけている。しかし、これはおかしい。「国民生活に関する世論調査」（内閣府調査）によると、二〇一五年度に「生活に満足している」と答えた人の割合は七〇・一％である。一方、ごみが多いとされる二〇〇六年度の同調査でも「生活に満足している」と答えた人の割合は六六・五％であり、生活の満足度に関しては大きな差はないと考えられる。

②「家庭での取組について」への反論

白石さんは個人の小さな努力の積み重ねが成果を上げていると言って、そのような努力で社会はくらしやすくなっていると言っている。それでは個人の小さな積み重ねの一つであり、近年普及している「エコバッグ」について考えてみよう。

エコバッグは環境によいと漠然と考えられているが一般に使われているエコバッグというのは、綿やポリエステルといった素材でできている。当然のことながらそのエコバッグを作る前の段階、綿やポリエステルを作る過程で二酸化炭素などの排出ガスが発生する。その排出量たるや結果的にレジ袋の五十から百五十倍という数字になる。つまりエコバッグを五十から百五十回使って、やっとレジ袋一回使う分と同じ環境への影響となるのである。これで自然に優しいといえるのだろうか（「クローズアップ現代」（二〇二二年十月二四日（月）放送回より）。

③「環境にやさしいということについて」への反論

白石さんはごみの少ない社会は環境にやさしいと言っている。しかしあまりにごみの多い、少ないを自分が見える世界だけで判断していないだろうか。例えば環境面を言い出すとすると、思い浮かぶのは海に浮かぶプラスチックごみであるが、あれはごみの多い、少ないの問題だけではなく、ごみをどう捨てるかに問題がある。つまり海にごみが漂ってしまっているのは、いわゆる「ポイ捨て」によるものであり、ごみの排出量が多いか少ないかという問題だけで済むものではない。ごみをきちんと捨てる、最終的には焼却する方法をとれば市中にあふれるごみは必然的に少なくなるのである。

以上、まだ反論はあるかもしれないが、あまり反論の数が増えても反論の文章がまとまらなくなってしまうので、これくらいにしておく。筆者の経験では二つか三つにまとめておくと次の反論の文章を書くときに子供はそれを文章の型にはめていくだけなので学習がスムーズに進む。

ここで読者は「反論に専門的知識がいるではないか」と疑問に思うかもしれない。しかし、総合的な学習が授業に設置され調べる活動も増え、さらに対話的な学習では先行文献に触れたり、専門家に学習について尋ねることも学習内容として認められている。ぜひともこの程度の調べる活動ができるように普段の授業から調べ学習を積極的にしてほしい。

4　反論の文章の型

①文章の型を指導する必要性

「型にはめる」と聞いてよいイメージを持つ人は少数派だろう。しかしながらこの型を教えることで作文の苦手な子が作文を好きになったり、話すのに自信のない子が自信を持って話せるようになったりするのである。

②作文嫌いな子の割合とその原因

私が小学校教師のときに教えていた学級五年生に対して「作文が好きか・嫌いか」「話すことが好きか・嫌いか」アンケートを採ったことがある。その時、作文が好きと答えた児童は二割にも満たず、一方「嫌い」と答えた児童は六割を超えたと記憶する。またインターネットや書店の教育書コーナーを見ても作文の教え方についての記事や書籍が多数を占めていることから見ても作文や話すことが苦手な子供がいつの時代も多いことが分かる。これは統計をとることが目的ではないので正確な数は求めないが、どの教室でも作文の書き方、話し方の指導に苦労しているのがうかがえる。

それではなぜ作文や話すことに苦手意識があるのだろうか。これもやはり自分が受け持った子供たちの意見と教育書等を見ても理由は合致するのであるが、「書くことがない」と「作文の書き方が分からない」に答えが集約される。ならば書くことの「明確な目的を持ち」「表現方法を教える」ことをすればいいのである。それを解決するのが文章構造を教えるということである。

③型の提示

白石さんの文章に反論する型を与える。なお第1章でも同じことを書いたが、今回はフォーマットである。

【自分の立場の表明】

私は白石さんの考えに反対です。

【反論する箇所を引用する】

白石さんはごみの少ない社会はくらしやすいと主張しています。そして根拠として二〇〇六年から二〇一五年のごみの減る量をグラフで示しています。さらにごみの少ない社会は自然や環境にやさしいと述べています。

【反論】

しかし白石さんの論理はおかしいです。ごみの多い、少ないは社会のくらしやすさと関係がないからです。

【反論の実例】

第一に、……。

第二に、……。

第三に、……。

【結語】

以上の理由により、白石さんの主張は成り立ちません。

反論の実例のところに前項の反論例を書く。実際の反論の文章は次項で述べる。

5 反論の文章例

前項で反論の型を子供に与えたので、その型にしたがい、反論の文章を文章に組み込むだけで反論文は完成である。型の有効性は実感できたと思う。子供が自ら反論の文章を考えるのは至難の業である。作文は書かせる前に文章構造を、スピーチは話す前にスピーチ原稿を作っておくようにする。前もって準備しておけば子供は安心するのである。したがって作文もスピーチも事前の指導がとても大切になる。

【白石さんの主張への反論】

私は白石さんの考えに反対です。

白石さんはごみの少ない社会はくらしやすいと主張しています。そして根拠として二〇〇六年から二〇一五年のごみの減る量をグラフで示しています。さらにごみの少ない社会は自然や環境にやさしいと述べています。

しかし白石さんの論理はおかしいです。ごみの多い、少ないは社会のくらしやすさと関係がないからです。

第一に、白石さんはごみの減った二〇一五年は生活がくらしやすくなっており、言及しないまでもごみの多かった二〇〇六年はくらしにくいと言いたそうです。しかし、これは誤りです。「国民生活に関する世論調査」（内閣府調査）によると、二〇一五年度に「生活に満足している」と答えた人の割合は七〇・一%です。一方、ごみが多いとされる二〇〇六年度の同調査でも「生活に満足している」と答えた人の割合は六六・五%であり、生活の満足度に関しては大きな差はないと考えられます。

第二に、家庭での取組についてです。白石さんは個人の小さな努力の積み重ねが成果を上げていると言って、そのような努力で社会はくらしやすくなっていると言っています。それでは個人の小さな積み重ねの一つであり、近年普及している「エコバッグ」について考えてみます。一般に使われてるエコバッグというのは、綿やポリエステルといった素材でできています。綿やポリエステルを作る過程で二酸化炭素などの排出ガスが発生します。その排出量たるや結果的にレジ袋の五十から百五十倍という数字になるのです。つまり環境にいいと言えるようになるにはエコバッグを五十から百五十回使ってからです。これでもエコバッグは自然にやさしいと言えるのでしょうか。

第三に、環境にやさしいということについてです。白石さんはごみの少ない社会は環境にやさしいと言っています。しかしあまりにごみの多い、少ないを自分が見える世界だけで判断していないでしょうか。例えば環境面を言い出すと思い浮かぶのは海に浮かぶプラスチックごみですが、あれはごみの多い、少ないの問題だけではなく、ごみをどう捨てるかに問題があります。つまり海にごみが漂ってしまっているのは、いわゆる「ポイ捨て」によるものであり、ごみの排出量が多いか少ないかという問題ではありません。ごみをきちんと捨てる、最終的には焼却する方法をとれば見た目のごみは少なくなり環境も汚しません。

以上の理由により白石さんの考え（主張）は成り立ちません。

多少長くなったが文章構造は理解していただけたと思う。つまり【自分の立場の表明】→【反論する箇所の引用】→【反論一、二、三】→【結語】となるのである。

なおこの文章の型は当然のことながら反論を書かせる前に子供に与えておく。

次節でこの反論の訓練を通して習得すべき言語事項について説明する。

第3節　指導すべき表現方法及び言語事項

次の三つは反論の訓練を実践するために必ず教えておくべきことである。

①反論の文章構成

この章でも「型にはめる」というのはあまりいい印象は持たれない、と書いたが、国語科の授業においては逆で文章の型を教えることで子供は自信を持ち論理の整った文章を書くことができるのである。そもそも文章の型はなぜ必要なのか？　相手を説得するためである。説得のためには相手に分かりやすい情報の届け方が必要である。それが「文章構成」ということだ。反論の訓練においては前節で示した【自分の立場の表明】↓【反論する箇所の引用】↓【反論一、二、三】↓【結語】の文章構成を指導しておくことが必要である。

②引用

引用について香西は「論証型の反論において最も大切なことの一つ」と述べ、その効果について「相手の具体的な理論から遊離するのを防ぐ」ためとしている[2]。これはその通りで相手の具体例について反論を加えるようにしないと、子供は自分の思いや考えを自由に述べることになる。白石さんの反論について言えばごみの問題から離れて生活の便利さ、電化製品の発展などがくらしやすくなった原因などという話に発展してしまうこともあるのだ。そうならないためにも引用は必須である。

③箇条書き

箇条書きは話し手、聞き手の両面からの効果がある。話し手としては箇条書きにまとめることにより一つの内容を一段落にまとめることを覚え、文章を書く技術、また読み取る技術が格段に上がる。また読み手にとっても読みやすさ、聞きやすさだけではなく話し手が自分の意見のどの部分にどう反論しているかが理解しやすくなるのである。

このように文章構成、引用、箇条書きの三点をどの学年でも教える。そうすれば論理的思考力が自然と身に付くのである。

1 ここでは調べた光村図書教科書（令和二年度版）の各学年ごとに参考にした教材名を挙げる。
一年生　「わけをはなそう」「すきなもの、なあに」「ききたいな、ともだちのはなし」
二年生　「あったらいいな、こんなもの」「楽しかったよ、二年生」
三年生　「もっと知りたい、友だちのこと」「［コラム］きちんとつたえるために」「はんで意見をまとめよう」「これがわたしのお気に入り」
四年生　「あなたなら、どう言う」「クラスみんなで決めるには」「調べて話そう、生活調査隊」
五年生　「どちらを選びますか」「よりよい学校生活のために」「［コラム］意見が対立したときには」
六年生　「いちばん大事なものは」「みんなで楽しく過ごすために」「［コラム］伝えにくいことを伝える」
　このように教科書で取り上げる教材はすべて学校生活を題材にしており、結果的によりよい学校生活のための補完を果たしていると言ってよい。

2 『反論の技術―その意義と訓練方法―』、明治図書出版、一九九五年、一二三頁。

第３章

小学校低学年の授業例

第1節 「教材文の選び方」について

1 低学年の「反論の技術」のねらい

本章では低学年の話合いについて述べる。低学年というと発達段階からみて話合いまで達成できないのではないかと思われがちだが、子供たちの日常を観察するとよい。必ず「どちらにするか」という選択の場面が多々あることに気がつくはずだ。その決定を、例えば普段から発言力のある子だけが決定するようなことがないように話合いの習慣をつけておくことは学級経営上も必要である。また議論についても低学年からの積み重ねがなく中高学年から取り入れられても子供たちが戸惑うこともある。議論指導も低学年から段階を踏んで始めていくべきなのである。それでは低学年でどの程度まで育てていくかを検討してみよう。

①低学年における話合いについて

●学習指導要領から

「小学校（中学校）学習指導要領解説　国語編」では話し合うことの指導事項からどのような力をつけるかが示されている。ここでは各学年のつながりを確認するためにも小中全学年を掲示しておこう。

・小学校低学年　互いの話に関心をもち、相手の発言を受けて話をつなぐこと。

・小学校中学年　目的や進め方を確認し、司会などの役割を果たしながら話し合い、互いの意見の共通点や相違点に着目して、考えをまとめること。
・小学校高学年　互いの立場や意図を明確にしながら計画的に話し合い、考えを広げたりまとめたりすること。
・中学校１年　話題や展開を捉えながら話し合い、互いの発言を結び付けて考えをまとめること。
・中学校２年　互いの立場や考えを尊重しながら話し合い、結論を導くために考えをまとめること。
・中学校３年　進行の仕方を工夫したり互いの発言を生かしたりしながら話し合い、合意形成に向けて考えを広げたり深めたりすること。

この学習過程を受けて教科書ではどのような教材が配されているかを第2章の脚注で紹介しておいた。

②低学年の話合い活動のねらい

低学年において話合い活動の題材は全て学校生活か自分たちの生活から選ばれており、「教材文は子供たちの生活から遊離しない」という教材文の条件を満たしている。

その教材文で学習する話合い活動の最大の目的は「話合いがつながること」である。そのために話には論理性が求められる。では低学年で求められる論理性とは何か。一番は分かりやすい話をするための「話の順序」である。順序とは書き言葉では文章構成、話し言葉では話の展開という呼び方になるだろう。この構成は子供が考えるのではなく教師から与えることが大切である。なぜかというと、話合い活動は小中学校の発達段階という縦の系列で考えるべきものだからだ。また統一した構成の型ができれば聞き手としても話の内容をとらえやすい。したがって型は教師が与えるべきだ。

2　話の型の必要性

①授業のねらい

「反論の技術」に至る前の段階ではめあては「話合いが続くこと」と書いた。話合いが続くためには、よい話し手とよい聞き手を育てることが必要である。したがって今回のねらいは次の二点となる。

- よい話し手を育てるために話し方の型を学ぶこと
- よい聞き手を育てるために友達の意見を自分の考えと対比しながら聞く習慣をつけること

この二つのことを教科書教材を用いて段階を踏みながら学ぶこととする。その前になぜ話の型が必要か例を挙げて説明したい。

②課題

話合いでなぜ話の型が大切なのだろう。次の二つの話を比べてみたい。

昨日、動物園に行きました。朝は六時三〇分に起きました。ライオンを見ました。キリンを見ました。象も見ました。お弁当を食べました。バスの中でクイズをしました。楽しかったです。

昨日の遠足の話をします。わたしたちは○○動物園に行きました。動物園では三つの動物を見ました。最初はライオンです。寝てのんびりしていました。キリンも見ました。首が長いので驚きました。最後は象です。とても大きかったです。これで発表を終わります。

極端な対比だが、最初の例は自分の思いついたことを並べただけ、二つ目の例は、

● 何を話すか「遠足のこと」
● 何を見たか「三種類の動物の様子」
● 終わりの言葉「発表を終わります」

というように文章の型ができていることに気がつくと思う。どちらが分かりやすいかは一目瞭然である。分かりやすい文章は型を持っているのである。もちろん型は場面によって様々なバリエーションがある。

③効果的な反論の訓練のために

効果的な訓練の方法として香西は『反論の技術』で「訓練は事後指導よりも事前指導を重視する」と述べている。理由として事後指導を重視すると、教師の負担が過剰になること、生徒自身も作文を仕上げた段階で作業が終わったことになり後から指導されても熱心に読まないことを挙げている。

具体的に「言いたいこと（主張）」「その主張を支える理由（論証）」の話の型を事前に教える。第2節以降では教科書教材では話し方の構成をどのように指導していくかを述べる。

3　訓練の基本方針

①発表の前に自信をつけさせる

話す授業をする際にスピーチの実態調査を試みた。対象学年は小学五年生九六人である。スピーチが嫌いな理由として次のような答えを得た。（　）内の数字は人数である。

話すのが恥ずかしい（四〇）　失敗したら恥ずかしい（二〇）　発表原稿を書くのが面倒（三六）

緊張する（一五）（複数回答可）

あくまで私の授業の実態であるが高学年になるほどどこのアンケートと同様の結果になるだろう。この恥ずかしさを低学年のうちから取り除いてやることが学級経営で望まれる。

②文章構成を教える　話の順序があること

最終的に反論の文章の型は「自分の立場の表明」→「反論する箇所の引用」→「反論の理由」→「結語」となる。型を無視した思い思いの文章構成で発表を行っても、聞き手には内容が分かりづらいことは授業でも明らかである。スピーチをはじめとする音声言語の学習ではどのような文章構成がよいかを指導する必要がある。

ア　まず全体像を話す

何を話すのか予備知識のない聞き手には、話のはじめにスピーチの全体像を話しておくことが必要である。全体像を話すことにより聞き手に話す内容の概要が伝わり、それから自然に聞き手の頭の中に情報を組み立てる大枠が作られる。議論においては話し手が「賛成か」「反対か」のどちらの主張をしているか、話し手の立場を明確に示すことが全体像になる。

イ　全体像の後の部分では、一つの項目で一つの段落を作る

全体像を伝えた後に部分の説明に移る。原稿なしのスピーチではこの部分を話すときに話が行ったり来たりしたり、関係のない話になったりして、いったい何を話しているのか聞き手を混乱させることがよくある。そうならないためにも、論理構成のつながりを考えて部分を項目ごとに並べることが必要である。項目の並べ方は反論の訓練の場合、「反論する箇所の引用」「反論一」「反論二」……となる。「全体から部分へ」という組み立てで文章を作ることが必須である。

ウ　結びの言葉は必ずつける

作文を読む場合、作文用紙を見ればいつ終わりになるかが一目瞭然で分かる。しかし音声言語の場合、いつ終わるか目に見えない。したがって発表の終わりに結びの言葉を入れることが必要である。

③文字言語との比較

話し言葉と書き言葉の違い、それは「話し言葉は記録に残らない」ということだろう。一回しか言わない情報を瞬時に聞き手に理解させなくてはならない。そのために話し手としては聞き手に話の内容を理解してもらうために、聞いて分からせる文章の伝え方が必要になる。そのために構成のしっかりした発表原稿にすることが必要である。特にイで述べた「一つの項目で一つの段落を作る」は作文の段落そのものである。作文の場合は目から情報が入ってきて段落がいくつあるか自然と理解できるが、話す場合は「話すことが○つあります」と告げて、聞き手にこの話し手は今からいくつのことを言うのかという予備知識を与えておくことが必要である。そうすれば聞き手は話の内容が理解しやすくなる。

第2節　教材文の選択

1　教材文の条件に合った教材

①一年生教材で何を教えるか

分かりやすい話をするために「話の順序」を指導することが一番大切である。特に「聞く側」を意識して、どのような話が分かりやすいか、そしてどうして分かりやすいのかを意識させる。特にこの項では示さないが、必ず教師側が話が分かりやすかったかどうか、そしてどうして分かりやすかったかを聞き手に意識させるために評価カードを用意することが必要である。

ア　主張と理由の文章構成の第一歩　「わけをはなそう」（光村図書一年、令和二年度版）

●学習のめあて

「わけをはなそう」という教材がある。ここで教えるのはわかりやすい話し方、そのための文章構成「自分の気持ち」＋「その理由」である。

●学習のヒント

次のような文章構造を考える。

「わたしは、［①］です。どうしてかというと、［②］からです」という言い方で女の子のことを話しましょう。

●①部に「たのしい」「うれしい」「かなしい」「さびしい」などの気持ちを表す言葉を入れる。

●②部になぜそのような気持ちになったかを入れる。

この発表を繰り返すことにより子供は分かりやすい話し方を覚えていく。

イ　聞き方を意識した話し方の工夫　「すきなもの、なあに」（光村図書一年、令和二年度版）

●学習のめあて

本教材ではペアで学習を進める。話し手は、「自分が好きなもの」と「その好きなものについての説明」を伝える。一方、聞き手は相手の話を受けて質問をする。質問の内容は、「好きな理由」「好きになったきっかけ」等になると思われる。この質問をお互いにすることにより、相手の話を理解することができるようになる。このように本教材で相手の話を集中して聞く習慣もつけられるようになる。

●学習のヒント

「わたしのすきなものは、［①］です。どうしてかというと、［②］だからです」という言い方で自分の好きなことを話すようにする。

①で話合いを中断させ、質問タイムをとれば「どうして好きなのですか」、②まで話し手が言い終わった後で、質問タイムをとれば「いつから」「どんなことをするの」などの質問が考えられる。このように話が続くように指導する。

ウ　論理性を考えながら聞く学習　「ともだちのこと、しらせよう」（光村図書一年、令和二年度版）

●学習のめあて

本教材のゴールは、相手の話を論理的にまとめることである。そのための目標として話し手が知らせたいことや自分にとって大事なことを落とさずに聞くことができるようにする。そのために、自分が聞きたいことを明確にして話を聞くことができるようにすることが必要である。

●学習のヒント

「○○さんがたのしいことは［　　］です」以降に続く文を書くために「いつ」「どこで」「誰と」「どんな」「どうして」に類する質問をするようにする。文章を書くときは必ず一文に一つの内容にする。

以上、一年生で扱う教材について学習のめあてとヒントを挙げておいた。特に特徴的なことを挙げる。

●分かりやすい話し方のために話の順序を指導すること

●分かりやすい話し方のためには構成（順序）が大切であることを聞き手として気づくようにすること

→人の話をよく聞くこと（よい聞き手の育成）

以上、一年生の指導を経て二年生の指導に入る。

②二年生教材で何を教えるか

一年生は分かりやすい話をするために「話の順序」を教えた。それを踏まえ二年生では聞き方のポイントとして、分かりやすい話のためには話の順序が守られているということを理解させたい。そして教材では物語を使って反論を教える予定である。

ア　話し手が知らせたいことや自分が聞きたいことを落とさないように集中して聞くようにしよう

「あったらいいな、こんなもの」（光村図書二年、令和二年度版）

●学習のめあて

本教材のめあては話し手と聞き手と別々のめあてを作ることである。

●話し手のめあて

詳しくは本書の第4章で述べるが、「反論の技術」は話し手の「立論」を強化する効果がある。本教材では自分の伝えたいものに対して聞き手がどんなことを質問するかを考えて「あったらいいな」と思うものを具体的にイメージすることが必要である。

●聞き手のめあて

本教材は友達との対話を通して「あったらいいな」と思うことを詳しく考える教材である。聞き手のポイントは「なぜほしいのか」聞き手に理由を考えさせることが必要である。つまり「聞きたいことを明確にして話を聞くこと」である。これは反論の訓練の引用への第一歩になる。

●学習のヒント

教師側として児童に次のように事前指導をする。

話し手は「あったらいいもの」を具体的にイメージしているか。教科書では絵を描くことになっている。聞き手の質問する観点の指導をする。具体的には「あったらいいなと思うわけ」「はたらき（できること）」「形や色、大きさなど」について質問することを決めておく。

ペアで一問一答形式にするとより具体的になる。質問が尽きたときが話合い終了となる。

イ　文章の順序を考えて発表する段階　「楽しかったよ、二年生」（光村図書二年、令和二年度版）

●学習のめあて

本教材のめあてはアと同じく話し手と聞き手双方にそれぞれのめあてがある。話し手のめあては、文章構成を考えることはもちろんであるが、理由の段落に自分で選択したものを入れるということである。一方、聞き手のめあては分かりやすい話かどうかということである。そしてその理由について文章の順序だけではなく声の大きさ、速さ、話し手の視線など周辺言語も評価するようにする。

●話し手側への指導

文章構成は「はじめ」「中」「おわり」にする。

「はじめ」→（大情報）自分の心に残っていることを発表する。

「中」→（中情報）その時の出来事や思ったこと、具体例を書く。

「おわり」→（結語）まとめの言葉を言う。

●聞き手側への指導

先に書いたように聞き手としては、「どうして分かりやすいのか」という観点をもって聞くようにする。したがって評価項目を明確に決めて聞くことが大切である。

●学習のヒント

発表原稿がなかなか書けない子供のために前回のアの学習で取り入れた質問形式を授業に取り入れよう。

（話すことが決まらない子のために）「一番、思い出に残ったことはなんですか」

（具体的なことがまとまらない子のために）「いつから始めたのですか」「どこで練習したのですか」等、5W1Hを意識した質問をするとよいことに気づかせる。

ウ　自分の意見を言うときに習った文章構成を利用しよう　「ふきのとう」（光村図書二年、令和二年度版）

●学習のめあて

二年生での発展学習として習った文章構成を利用して発展学習を試みた。教材は「ふきのとう」である。

次のような単元計画を試みた。

【「ふきのとう」単元計画】

時	学習活動
1	全体を読んであらすじをつかむ。特に印象に残った場面を発表する。
2	音読したいところを探しながら読む。
3	音読したいところをノートに書き写し、音読の工夫などをメモする。（本時）
4	音読劇の練習をする。
5	音読劇をする。（グループごとに発表する）
6	音読劇の感想を交流する。（必ずグループごとにどうしてその場面を選んだか、どのような音読の工夫をしたのかを発表させる）
7	学習を振り返る。

【本時の展開例】

今日のめあて
　音読したい場面を選んで理由を発表しよう。
学習活動1
　自分の音読したい場面を選ぼう。理由も書いてみよう。
学習活動2
　「言いたいこと（主張）」＋「その主張を支える理由（論証）」の話の型に従って文章にしてみよう。
学習活動3

ペアで発表してみよう。友達の話を聞いて質問をしてみよう。
学習活動4
友達の意見を聞いて自分の考えと比べてみよう。場面を変えたい場合はなぜ変えるのか理由も考えよう。
学習活動5
今日の学習を振り返ろう。

●学習のヒント

これまで習ったように（発表）→（質問）→（振り返り）の学習活動とする。

授業の展開を子供に可視化するためにワークシートを用意する。ワークシートに記入することによって自然に話し方の型が身に付くように指導する。詳しいワークシート例については各章の最後に紹介するので参照してほしい。

2　授業のポイント　教科書の教材文と比較しながら自分の発表原稿を作ろう

ワークシートを配ってもなかなか文章が埋められない子供は教科書と対比させたワークシート（次頁参照）を与える。今回はイ「楽しかったよ、二年生」を例示する。

教科書

はじめ	中	おわり
ドッジボールで強いボールをとれるようになったこと……（主張）	二年生になったばかりの頃……（いつ） こうたさんとのれんしゅうのようす（どんなことをしたか） やっと、ボールをとれるようになった（どうなった） ＊時間の経過ごとに段落を作る。	はじめてボールがとれたときはうれしかった。（まとめの言葉）
一番心に残っていることはなんだろう。	一番心に残っていることを思い出してあったことを書こう。	一番、思い出の中で書きたいことを書こう。

組立メモ

はじめ	中	おわり
心に残ったことは何か思い出す。（対話的な学習）	学校行事　地区行事 家庭での出来事などから ・したこと　・思ったこと ・うれしかったこと ・おもしろかったこと などを一段落に一つ書く。	一番、感動したことを最後に書いてみよう。

第3節　テーマの確認とテーマに沿った単元計画

1　本節のねらい

本節では低学年で「反論の訓練」で学んだことをどのように授業に取り入れるのかを述べる。ただ学年ブロックごとに発達段階があり、その学年に応じた習得レベルというものが当然ながら存在する。あくまで本書でのゴールは、反論を用いた議論が授業の場だけではなく生活等の日常でも使いこなせるということである。ただし学年相応の「反論の技術」で学んだことは学習指導要領が示す水準には十分に達していることはあらかじめ述べておく。

それでは低学年ブロックの目標を示す。前節までで述べてきたが低学年では次の三つの目標を挙げる。

- **よい話し手になるために「はじめ（主張）」→「中（主張を支える理由）」→「おわり（結語）」という文章構成の整った話し方ができる**
- **よい聞き手になるために話し手が何を言いたいのか、どうしてなのかを理解しながら聞く**

そして次のことは前節までは触れていないが、深い学びのポイントとして挙げておく。

- **話合いが授業に役立つこと、次の授業へのステップになること**

話合いは独立したものではなくあくまで授業に役立つものであるべきだ。

以上の三点を踏まえ、授業に入っていく。

2　よい話し手とよい聞き手になるための授業例

①「なぜくものくじらは、ちじょうにおりてこない？」音読に結びつける話合い

第一学年教材「くじらぐも」（光村図書、令和二年度版）

●「反論の訓練」のために

「くじらぐも」は一年生教材として五十年にわたり採択されている最も知名度が高い作品である。そしてどの年代でも学習のねらいは「語のまとまりや言葉の響きなどに気を付けて音読すること」と「音読」を中心に学習が展開していくことで一致している。ただしその音読については地上の子供たちが空に向かって叫ぶなど視点や元気の良さ、速度（ゆっくり）などに限られ、叙述に即した音読を考えていることは少ないようだ。そこで本書では「反論の訓練」の第一歩として「よい話し手」になるために「なぜくものくじらは、ちじょうにおりてこない？」ということをテーマに取り上げて話合いをする学習過程を考えた。

●全体計画

特に音読について焦点を当てるために本単元は授業後に音読発表会を開くと仮定する。

学習過程で一時間、ワークシートを用いた話合いの時間をとる。

ワークシートに自分の考えを書き込む（主体的な学び）→自分の意見を発表する（対話的な学び）→音読発表会を開く。（深い学び）という学習展開にする。

次に全体計画と話合いの時間の学習展開を次に示す。

【全体計画】

時	学習活動
1~2	・全文を読み、音読発表をする計画を立てる。物語の場面を分けて内容を理解する。
3~4	・くじらぐもと出会い、子供たちとくじらぐもが呼び合う様子と気持ちを読み取る。
5	・くじらぐもに飛び乗ろうとする様子を読み取り、話し合ったことをもとに工夫して音読する。（本時）
6	・くじらぐもに乗って空を旅した後、別れる様子を想像する。
7	・音読発表会の練習をする。
8~9	・音読発表会をする。

【本時の指導】

めあて	教科書の文	教師の支援
・くものくじらと、子供の呼びかけが対応関係になっていることに気づく。 ・なぜ子供たちが呼びかけてもくじらは来なかったのに、くじらが呼ぶと子供たちは飛び乗る気になったのか音読を工夫する。	「ここへ……」 みんなが 「ここへ と、くじら 「よしきた……。」 男の子も、……、はりきりました。 教科書 p.7　l.3 ~l.10	めあての確認 なぜ子供たちが呼んでもくじらは来なかったのに、くじらが呼びかけると子供たちは飛び乗る気になったのだろう。音読で表現してみよう。

②「大きな魚はどちらが大きい?」動作化に結びつける話合い

第二学年教材「スイミー」(光村図書、令和二年度版)

●「反論の訓練」のために

ここで本論から離れた問いを一つ。前項の「くじらぐも」と、ここで扱う「スイミー」。いつから教科書に載っていたかご存じだろうか。「くじらぐも」は昭和四六年から、「スイミー」は昭和五二年からである。つまり読者のほとんど全ての方が両方の教材を学習したことがあると言ってよいだろう。しかし、先ほど紹介したように「くじらぐも」の音読の違いを考えたことがあったか、今回の「スイミー」のテーマ「まぐろとスイミーたち、大きな魚ってどちらが大きいの?」と考えたことがあったか。寡聞にしてそれらを扱った授業はまだ見たことがない。このように「反論の訓練」を考えることにより、新たな教材解釈が生まれるのである。今回はページ数の関係で該当部分の指導だけ示すが、この学習では「大きな魚はどちらか」を考えさせる学習過程をとる。そして深い学びとして動作化をすることにより自分たちの考えが正しいことを証明させるようにする。

めあて	教科書の文	教師の支援
・まぐろとスイミーたちが二つとも「大きな魚」と表記されていることに気づく。そしてどちらの方が大きいか、自分の考えを述べる。 ・自分の考えた理由が正しかったかどうか、動作化で確かめる。	みんなが、一ぴきの…………およげるようになっ (スイミー 大きな魚を (まぐろの描写) 教科書 p.72 l.10 ～p.73 l.8	めあての確認 まぐろもスイミーたちも「大きな魚」となっているけど、どちらが大きいのだろう。理由をつけて発表しよう。

第4節　授業の実際

1　反論の授業

①教材名　第一学年教材「くじらぐも」（光村図書二年、令和二年度版）

ア　めあての確認

本時のめあては「くじらぐもに飛び乗ろうとする子供たちの様子を読み取り、話し合ったことをもとに工夫して音読しよう」とする。そしてその学習を通して、次の三つの目標を達成するようにする。

●よい話し手になるために「はじめ（主張）」→「中（主張を支える理由）」→「おわり（結語）」という文章構成の整った話し方ができる

●よい聞き手になるために話し手が何を言いたいのか、どうしてなのかを理解しながら聞く

●話合いが授業に役立つこと、次の授業へのステップになるようにする

イ　教材文の提示（本時に関わるところだけ抜粋）

みんなは、……、「お

「おうい。」と、くじ

「ここへおいでよう。

教科書
p.6　l.7
～p.7　l.10

「ここへおいでよう。」

「よしきた。……とびのろう。」

男の子も、……はりきりました。

ウ　授業で押さえるポイント

●文章表現として「反復」を繰り返していること。その反復を通してくじらぐもが学校をどう思っているか、子供たちのことをどう思っているかに気づかせるようにする。叙述ではくものくじらの気持ちは語られていない。しかしこの反復行動を通してくものくじらが子供たちと一緒に行動がしたい→「あのくじらは学校が好きなんだね」という子供たちの感想に結びつくことを理解させたい。

●助詞「も」が多用されていることに着目させる。くものくじらが自分たちの真似をしていることに気がついているのは誰か。子供たちということが分かれば子供がくものくじらにずっと興味をひかれながら体育をやっていることが分かる。この興味がくじらに飛び乗る原動力となるのである。

●会話文は全部で十八個ある。その言葉は誰の言葉か、学級全体で把握すること。この把握により、動作化で音読劇をするときの役割分担が明確になる。

以上のことを押さえ第五時間目「文章構成の整った話し方」を指導する。

エ　文章構成の整った話し方指導例

テーマは教師から与える。

ワークシート（七九頁）を活用する。

●本時の課題を知る

子供たちとくものくじらのかけ声の違いを考えよう。

●本時の学習範囲（第二場面）を音読する

呼びかけの言葉を子供たちとくものくじらのどちらが言っているのかを区別する。「おうい」「ここへおいでよう」ともに二か所あり、先の言葉が子供たち、後の言葉がくものくじらである。

●話合いのめあてを提示する

なぜ子供たちが呼んでもくじらは来なかったのに、くじらが呼びかけると子供たちは飛び乗る気になったのだろう。音読で表現してみよう。

●「ここへおいでよう」の子供たちとくものくじらのかけ声の違いを比べよう

子供たちが飛び乗りたいと思ったようにくものくじらがかけ声をかけていることに気づく。子供たちの「ここへおいでよう」よりもくものくじらの「ここへおいでよう」の方がはるかに迫力があることに気づかせる。

【ワークシート】

「くじらぐも」ワークシート

名前【　　　　　】

学習のめあて

子どもたちの「ここへおいでよう」のかけ声と、空のくじらの「ここへおいでよう」のかけ声はどちらが大きくひびいたでしょう。

【問一】

□に自分の考えを書きましょう。

［自分の考え］

ぼく・わたしは□のかけ声の方が大きくてよくひびいたと思います。

［わけ］

なぜなら□だからです。

［まとめの言葉］

いじょうでぼく・わたしの発表を終わります。

【問二】

ことばをまとめましょう。

【めあての提示】
めあては教師が提示する。必ず全員で同じめあてを達成するようにする。

【問一のポイント】
文章構成を学ぶことが目標である。□に入れる文字は簡単でよい。

【問二のポイント】
これが発表原稿になる。問一の答えをつなぎ合わせて発表できるようにする。

②教材名　第二学年教材「スイミー」（光村図書、令和二年度版）

ア　めあての確認

本時のめあては「最終場面に出てくるスイミーがなかまの赤い魚たちと作った大きな魚と、まぐろである大きな魚のどちらが大きいかを話し合う」ということである。そしてその学習を通して、次の四つの目標を達成するようにする。なおはじめの三つは第一学年教材「くじらぐも」と同じである。四つ目の話合いの学習が新たに加わった目標である。

●よい話し手になるために「はじめ（主張）」→「中（主張を支える理由）」→「おわり（結語）」という文章構成の整った話し方ができる

●よい聞き手になるために話し手が何を言いたいのか、どうしてなのかを理解しながら聞く

●話合いが授業に役立つこと、次の授業へのステップになること（具体的には動作化で二種類の大きな魚をどう表現するか考えること）

●友達の話を聞いて自分の答えと比較すること

イ　教材文の提示（本時に関わるところだけ抜粋）

みんなが、一ぴきの……

およげるように……

スイミーは言った。

「ぼくが、目になろう

あさの……、

教科書
p.72　l.10
〜p.73　l.8

ひるの……、
みんなは……、大きな魚をおい出した。

ウ　授業で押さえるポイント

●文法的に押さえる表現技法がたくさんあること。体言止めや比喩、倒置法などの表現技法が駆使されていて、それがテンポよい展開を作っていることに気づかせる。

●群読の工夫。本教材は「スイミーはかんがえた。いろいろかんがえた。うんとかんがえた」など短い言葉が繰り返しになっている叙述がいくつも見られる。この点は例えば「スイミーはかんがえた。（一人で音読）いろいろかんがえた。（グループで音読）うんとかんがえた（学級全体で音読）」（あるいはその逆）というように群読の工夫を試みることで叙述内容を読み取るヒントにしたい。

●動作化の工夫。今回は最後の赤い魚たちがまぐろを追い出す場面を動作化させたい。動作化により場面の様子や情景を正確に読み取らせるヒントにしたいと考える。動作化により赤い魚たちがまとまる困難さ、まぐろを追い出すための魚の大きさなどを具体的に想像させたいと考える。

●翻訳教材であること。これは教師としての教材研究の範疇であるが「スイミー」は翻訳教材である。そして今回の子供たちが話し合う「赤い魚たちが集まった大きな魚（giant fish）とまぐろを表す大きな魚（big fish）はどちらが大きいかは実は原文を読めば答えは出ている。それは正確な読解として教師が理解して授業に臨むことが必要である。また二年生では「お手紙」もあるので原文を読む習慣はつけた方がよい。

以上のことを押さえ「文章構成の整った話し方」を指導する。

エ　文章構成の整った話し方指導例

指導のポイントは「くじらぐも」同様に「テーマは教師から与える」「ワークシートを活用する」の二点である。

●本時の課題を知る

まぐろとスイミーたちが二つとも「大きな魚」と表記されていることに気づく。そしてどちらの方が大きいか、自分の考えを述べる。

スイミーが赤い魚たちに教えたことに注目する。「けっして、はなればなれにならないこと」「みんな、もちばをまもること」。このことが動作化のポイントになることを理解する。そして大きな魚になり、まぐろを追い出すことがどれほど困難なことか、動作化により理解する。そして次のことを考える。

まぐろもスイミーたちも「大きな魚」となっているけど、どちらの方が大きいのだろう。理由をつけて発表しよう。

これは八一頁で述べたが、原文を読めば赤い魚たちの方が大きいことは明らかである。しかしながら日本語訳では「大きな」になっており教科書では判断できまい。したがってここでは子供の自由な発想に任せる。

【ワークシート】

「スイミー」ワークシート

名前【　　　　　　　】

学習のめあて

まぐろもスイミーたちも「大きな魚」となっているけど、どちらの方が大きいのだろう。

理由をつけて発表しよう。

【問一】

□に自分の考えを書きましょう。

［自分の考え］

ぼく・わたしは□の方が大きいと思います。

［わけ］

なぜなら□だからです。

［まとめの言葉］

いじょうでぼく・わたしの発表を終わります。

【問二】

ことばをまとめましょう。

ワークシートのポイントは「くじらぐも」と同じである。

めあては教師が提示する。必ず全員で同じめあてを達成するようにする。

問一では正解は赤い魚たちである。しかしながらここでは正解は求めない。次時に行う動作化で赤い魚たちの方が大きいことを子供たちは実感するだろう。文章構成を学ぶことが目標である。□に入れる文字は簡単でよい。

問二のポイントとして、これが発表原稿になる。問一の答えをつなぎ合わせて発表できるようにする。

第４章

小学校中学年の授業例

第1節 「反論は立論を強化する」とは

1 中学年の「反論の技術」のねらい

前章で低学年の「反論の技術」のねらいは話合い活動で「話合いがつながること」とし、話には論理性が求められると述べた。分かりやすい話をするために「話の順序」が必要であり、それは書き言葉では文章構成、話し言葉では話の展開であるとした。中学年ではさらに発展させ、ねらいを「話の順序」だけではなく「より説得力のある立論を組み立てよう」とする。具体的には「意見を言う前にどんな反論が出されるか予想する。予想された反論に答えることで自分の意見を強化する」ということを学ぶことにする。

①中学年における話合いについて

それでは中学年での話合いではどの程度のレベルが求められているのだろう。現行小学校学習指導要領第二章国語では次のように示されている。

●話すこと

イ　相手に伝わるように、理由や事柄などを挙げながら、話の中心が明確になるよう話の構成を考えること。

ウ　話の中心や話す場面を意識して、言葉の抑揚や強弱、間の取り方などを工夫すること。

低学年では「話の順序を考える」ということで、話し手としていかに分かりやすい話の構成を考えるということに主眼が置かれた。しかし中学年では「相手に伝わるように」とあるように相手意識を持って話すことが求められるようになっている。また「聞くこと」の目標では、「必要なことを記録したり質問したりしながら聞き」とあるように聞き手の質問を当然予想しなければならない。

②中学年の話合い活動のねらい

以上、述べてきたように中学年の話合い活動のねらいは「聞き手を意識した話をすること」にある。そのためには立論も聞き手を意識し、聞き手が納得できるような立論を組み立てる必要がある。学習指導要領でも中学年の話合い活動の目標は「目的や進め方を確認し、司会などの役割を果たしながら話し合い、互いの意見の共通点や相違点に着目して、考えをまとめること」とある。つまり一対一のペアによる話合いだけではなく、多人数での話合いも視野に入れた場を想定し、話す技術を指導する必要があるのである。

そのために話し手としては話す前に、

●話し手として自分の話が目的に沿った内容になっているか

●聞き手が何を聞きたがっているのか、聞く目的を把握しているか

の二点を確認することが重要になる。この二点を達成するために自分の立論を「聞き手がどんなことを質問してくるのか」あらかじめ考えて、質問を先回りして封じる意見を作ることが本章のねらいである。つまり相手に異論を許さないような強力な立論を作り、話合いを自分のペースに持っていくことが目標である。

2　反論の効果（立論の強化とは）

①授業のねらい

今回の授業のねらいは先に述べたように「意見を言う前にどんな反論が出されるか予想しよう。そうすることにより自分の意見を強化しよう」ということである。意見を言うときにあらかじめ相手の反論を考えておくことにどのような効果があるかを香西は次のようにまとめている[1]（次項ア）。

ア　自分の議論に反論する効果

「自分の議論に反論する」とは、耳慣れない言葉であるがこれは意見というものの本質を考えてみるとよい。意見を言うときには周りに自分の意見に反対する者が必ずいるはずである。そもそも「意見とは反論」であるので、自分の意見を言った後で相手が納得しなければ当然のことながら自分の意見に対する反論が返ってくることを予想しなければならない。その相手の反論を予想し、その反論の対策をしていれば議論はこちらが優位に進むことは間違いない。

自分が話す発表原稿を作るときに相手が突いてくるであろう反論を予想し、その反論される自分の弱点をあらかじめ封じてより強固な意見にしておくのである。このように反論は議論において相手の意見に対して言うだけではなく、自分の意見をも強化する効果があるのである。

自分で自分の意見に反論することの効果は述べた通りであるが、ここでは反論を常日頃から考え、習慣づける効果について考えてみたい。自分の意見をより強固にするために自らの意見に反論する習慣はなかなかできないものである。これも意見の本質を考えると、話し手はその意見が正しいと思うからこそ主張するのである。

それを発表前に「自分の話すことに弱点はあるか」と振り返るのはなかなか身に付けるのが難しい習慣である。したがって自分の意見に対し反論を加える習慣は教師が意図的に指導すべきである。中学年の段階で「相手のことを考えて話す」という目標には相手の共感を得るだけではなく、相手がどのような反対意見を述べてくるか、そのためにどのように対処すべきかということを事前に考えておくべきである。これも学習指導要領の目標からさらに一段階進んだ学習といえるだろう。

イ　前もって反対意見を予想する

自分の意見に反論するとはどういうことなのか具体的に述べてみよう。なお分かりやすくするために一般的な例を用いて説明することにする。

●テーマ「遠足での自由行動の時間はグループで行動しますか？　単独で行動しますか？」

これも担任の先生なら学年を問わず直面する問題ではないだろうか。単独という言葉が難しければ「自由行動をしますか？」と言い換えてもよいだろう。

さてここで単独行動賛成派のAという児童が自分の意見を述べたとしてみよう。

> A「ぼくは遠足での自由行動はグループではなく一人一人が自由に行動してもいいと思います。なぜなら見たいもの、遊びたい乗り物などはそれぞれ人によって違います。グループだと自分の意見が言えない場合もあります。だからぼくは遠足の自由行動の時間は自分たちで自由に行動することに賛成します」

Aの意見は（主張）＋（主張を支える理由）から成り、低学年で教えた「分かりやすい話し方」という基準でいえば合格ラインに達している。それを中学年ではさらに発展させ相手の反論を予想して自分の意見を強化するという学習過程を組む。具体的には次のような思考の流れになるだろう。

●自分の意見を分析する

Aの場合は（主張）「遠足の自由時間は一人一人単独行動がよい」＋（理由）「個人によって見たいものは違う」「自分の意見を言えない場合もある」ということである。

●聞き手の反論を予想する

Aの反対はグループ活動がよいとする意見である。そしてAは「自分の意見が言えない」というグループ活動のデメリットを挙げたので、そこを反論してくることが予想される。すなわち「グループ活動は友達の意見を取り入れ、友達とともに遊ぶ楽しさを実感することができる場」ということを反論してくることが予想される。あらかじめ反論を予想し、それを封じるより強固な意見にする。

●相手の反論を予想し、それを封じた意見を作る

> A「ぼくは遠足での自由行動はグループではなく一人一人が自由に行動してもいいと思います。なぜなら見たいもの、遊びたい乗り物などはそれぞれ人によって違います。もちろん、遠足はグループ活動で友達の意見を聞きながらみんなの意見をまとめていくことも大切という意見もあるでしょう。しかし、グループの中には消極的な子やおとなしい子がいるのも事実です。全員の意見をまとめることで誰かが我慢することはいけないと思います。だからぼくは遠足の自由行動の時間は自分たちで自由に行動することに賛成します」

多少、長くなったが訓練ということで十分合格とする。ここで大事なことは必ず理由について反論させることだ。詳しくは次項「訓練の基本方針」で述べる。

②訓練の基本方針

ア　主張型反論にならないために

第1章で反論は主張型反論ではなく論証型反論にすべきと書いた。本章で述べた「自分の意見に反論を加えて強化する」試みは主張型反論では効果がないのである。例に挙げた遠足の自由行動ではAが「自由時間は単独行動にした方がよい」と主張し、理由として「見たいもの、遊びたいものは各自違う」「意見を言いたくても言えない人がいる」と主張したのに対し、例えば聞き手が「安全面はどうするのですか」とか「時間はグループの方が守りやすいです」などとグループ活動の利点を挙げて反論してきたら延々と議論が続き、終わらなくなってしまう。したがって反論は必ず相手の理由に対して行うように指導しなければならない。そして反論できなくなったときが議論の終わるときなのである。

イ　反論の訓練の必要性

相手の意見に対して自分との考えの違いを比べることは教科書でも行われている。例えば中学年では「友達の意見と同じところ、ちがうところをはっきりさせて、意見を言う」[2]「だれもがよりよく関わり合う」[3]、高学年でも「意見が対立したときには、たがいの意見をしっかり聞き合い、受け止め、話を前に進めていくことが大切です」[4]など指導目標が挙げられている。なぜこれほど毎学年にわたって反論の訓練が取り上げられているか。理由は明らかである。反論の訓練が児童生徒にはなかなか身に付いていないからに他ならない。これは普段から反論の訓練をしていないとなかなかできないことである。したがって普段の学級経営で友達の意見にはよく耳を傾け、反論する習慣を作ることが求められる。

第2節　教材文の選択

1　テーマの条件に合った教材

本節の目的は、意見を述べるときに相手から出されるであろう反論を予想し、その反論を封じ込める強力な意見を作ることとである。以前の教材であるが「自分の考えをつたえるには」（光村図書四年、平成二七年度版）に次のような意見文[5]がある。テーマは「夏休みに行くのなら山がいいか、海がいいか」である。令和二年度版の教科書では自然災害をテーマにした単元がある[6]が、前者の方が児童の生活に密着していると考え、こちらの教材を選択した。

①読みやすい文章か

小学校低学年では発達段階から目標を「話の順序を考える」とした。その目的は「分かりやすい話」になっているかである。聞き手の目標は話し手の「主張」と「それを支える理由」が明確に伝わるかどうか考えることである。

その点を意識して「自分の考えをつたえるには」の小林さんの文章を読んでみよう。

【小林さんが書いた文章　テーマ「夏休みに遊びに行くなら海のほうがいい」】

ぼくは、夏休みに……海のほうがいいと考えました。

なぜかというと……。ぼくは、一年生のときにおじいさ……うでしょうか。長い休みである夏休……思いませんか。

もう一つ理由が……なくても楽しめます。海には、気を……す。

このように、ぼくは、……海のほうがいいと考えました。

教科書
p.86下段　l.5
～p.87下段　l.6

②主張とそれを支える理由が明確に伝わるか

小林さんの意見文は「夏休みに遊びに行くなら海のほうがいい」という主張は明確に伝わる。しかし「海に行きたい理由」は、文章を読むと二つあるのは分かるが、聞くだけではいくつあるのかは最初は分からない。したがって発表原稿としては読みやすい文章ではあるが、聞き取りでは明確ではない文章だということができる。

ただし小林さんの文章は「はじめ・中・おわり」の文章構成がしっかり整っており、作文としては十分に合格である。したがって話し言葉では聞き手が聞き取りやすい文章構成が求められる。具体的には次の青木さんの文章がよい具体例になるので紹介しよう。

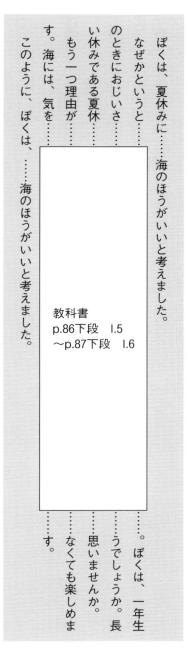

【青木さんが書いた文章　テーマ「夏休みに遊びに行くなら山のほうがいい」】

わたしは、もし、夏休みに……山がいいと思います。その理由は、三つあります。
一つ目は、高い……がしい気持ちになります。山のてっ……います。
二つ目は、山に……です。山で遊んだり、登ったりして……
三つ目は、たく……いないこん虫の写真をとることがで……
このような理由から、わたしは、……山のほうがいいと思います。

教科書
p.86上段　l.5
～p.87上段　l.7

③教材文の条件に合致するか

まずこの教材文が第1章、第2章で示した教材文の条件に合致するか見ていこう。

❶主張が明快であること
本意見文は「山がいい」と明確に主張している。したがって主張は明確である。

❷その主張を支える根拠がきちんと書かれていること
「山がいい」という理由は三つ書かれていて根拠もきちんと書かれている。

❸ある程度の長さを持っていること

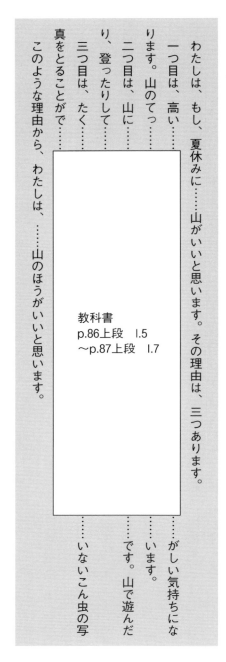

長さについても簡潔にまとめられ読みやすく、なおかつ反論しやすい長さである。

❹論じるのに特殊な専門的知識を必要としないこと

子供の夏休みに行きたいところの希望であり、専門的な知識は必要ない。

❺子供の現在の生活から遊離したものでないこと

子供の夏休みに行きたいところの希望であり、生活に直結した内容である。

❻読み手を意識し、挑発的な文章で書かれていること

この点については二点に分けて論じてみよう。

まず「読み手を意識する」ということであるが、この意見文は自分の学級向けに作られたものであることは明らかである。したがって読み手を意識していることは分かる。

次に「挑発的な文章で書かれているか」ということであるが、挑発とはそそのかすという意味だろう。つまり青木さんの意見文を読んで山に行きたくなるか、ということである。この点について考えてみよう。

④挑発的な文章とは

ア　聞き手に何を伝えようとしているのか

まずこの意見文の話を聞いて、聞き手は新しい発見があるだろうか。青木さんは「山」の良さとして、

● 「高い所に登ると景色がよくて気持ちがいい」

● 「山には木かげがあってすずしい」

● 「たくさんの植物やこん虫に出会える」

と三つの理由を挙げている。しかし、聞き手の中でこの理由を知らない人がいるだろうか。おそらく誰でも知

っていることだろう。誰もが既知なことを伝える意味はあるのだろうか。

イ　理由に対して反論できるか

聞き手として先の三つの理由が示されているが、この理由に反論できるだろうか。例えば第一の理由である「高い所に登ると景色がよくて気持ちがいい」の反論として「高い所に登ると気持ちが悪い」という人がいるのだろうか。したがって議論は続かないことになる。

ウ　意見文として成立しているか

アとイで青木さんが「山がいい」ことの理由として挙げた三つの理由は誰も反対しないことである。意見とは反論であり、周りに反対意見があるから自分の考えを反論として主張するのである。このように誰も反対しないことを主張するのでは「反論の訓練」は成立しないのである。

挑発的な文章とは伝えられた情報に反論できる（反論したくなる）文章ということである。

⑤議論を深めるための工夫

●議論が成立する条件

これは④アとイで述べているので明らかだろう。同じ意見を持つ人たちの間で同じことを言ってもなんの発展もない。議論とは自分と違う意見と対峙し、自分の考えをより正しい考えへと修練していくことである。したがって自分と異なる意見は必須の条件である。

●何を決定するのか明確なゴールを持つ

今回は「山がいい」「海がいい」ということで議論しているが、議論の最終的なゴールは「夏休みに行くのはどこがいいか」ということである。このように議論を始めるときには、最終的に何を決めるのか明確なゴールを持つことが必要である。

●必ず相手の理由を引用する

今回の「山がいい」「海がいい」の話合いが議論として成立しないのは主張を支える理由を引用できないからである。先にも述べたように「山がいい理由で、高い所に登れるので気持ちがいいと青木さんは言っているがおかしい」とは海派の人も言えないだろう。議論が白熱すると夢中になり、あるいは話し手の話をよく聞いていないと何も考えずに抽象的な意見を言ってしまいがちだが、必ず相手の理由を見極め、それに反論することが必要である。

2　予想される反論

①反論できる理由

前項では抽象的な理由には反論できず、したがって議論の対象にならないことは述べた。ここでは敢えて青木さんと小林さんの意見に反論してみよう。

青木さんの意見文では「山がいい」理由として次の三点が挙がっていた。

●「高い所に登ると景色がよくて気持ちがいい」

●「山には木かげがあってすずしい」

●「たくさんの植物やこん虫に出会える」

一方、小林さんの意見文では「海がいい」理由として次の二点が挙げられていた。

●ぼくたちの町は海から遠くてなかなか行けない

●夏の海は泳ぐこともできるから夏には海がいい

この理由では小林さんの理由は簡単に反論できる。一つ目の「ぼくたちの町は海から遠くてなかなか海に行けない」のは個人の事情でクラス全員には関係ないと言えばよい。二つ目も「海で泳ぎたい」のもやはり本人の好みであり、中には泳ぐのが嫌いな子もいると反論すればよい。小林さんとしては再反論で「海に行けない」のは個人だけではなく、実はクラスでも海に行けない子が大勢いることなどを述べれば「海がいい」という意見が強化されていくだろう。

②反論を作り出す

青木さんの「山がいい」と主張する理由の三点は誰でも当然と考えていることで反論できないと先に書いた。それでは議論の終了かというとそうではなく、意見になる前段階にさかのぼり反論をしていけばよいのである。分かりやすく言うと「高い所に登ると景色がよくて気持ちがいい」という理由に対しては「高い所に登ること」について反論すればよい。このように反論できない場合は論証をさかのぼればよいのである。

では具体的に反論してみよう。

> 私は山がいいという青木さんの意見に反論します。
> 青木さんは高い所に登ると気持ちがいいと言いましたが、高い所に登るのは危険が伴います。また登る途中で気分の悪くなる子がいるかもしれません。
> 次に「木かげで休むとすずしい」ということですが、全員休めるだけの広さの木かげはあるのでしょうか。
> 最後に「たくさんの植物やこん虫に出会える」ということですが、これは山でなくても植物やこん虫に出会え

る機会はあります。
以上のことにより青木さんの「山がいい」という意見は成り立ちません。

ここで反論することの効果を述べる。この反論を受けて再反論で青木さんが「山の危険について配慮すること」「木かげの広さ」「海で出会える植物やこん虫」について調べたことを述べるはずである。このように反論を繰り返すことで議論が進み最終目標のゴールのレベルは上がっていくのである。

第3節　テーマの確認とテーマに沿った単元計画

1　本節のねらい

本章のねらいは「意見を言う前にどんな反論が出されるか予想しよう、そうすることにより自分の意見を強化しよう」ということである。それについては教科書教材では反論することが難しいこと、すなわち誰も論証しないような世間一般に認知されていることは反論することができないということを説明した。そうならないために反論の授業を組み立てるときは教師側から意識的に意見の対立が生じるようなテーマを設定しなければならないのである。そのように考えれば中学年の「反論の訓練」として教材の与え方は自ずから明らかになる。先に示したねらいを達成するために次のような条件を備えた課題を設定する。

●本単元のねらいは「立論の強化」ということである。そのために自分の立論に予想される反論をすることにより、立論がより強固になることを学ぶ。

●教材選択で示した六つの条件は踏襲する。ただし前節で示したとおり六番目の条件である「生徒を挑発した文」ということは教科書の教材文では達成できないこともあるので教師側で工夫したテーマを与える。

●（ここからは本節のねらいからは発展した内容である）議論は言い合いに終わるのではなく議論する子供にとってよりよい結果に導くために行う。

以上の三点を踏まえ、授業に入っていく。

2　立論の強化のための授業例

①「旅行のコースを決めよう、山がいいか、海がいいか」自分の立論を強化しよう

●単元設定の趣旨

本単元では、自分たちの旅行のコースを決めることを題材にして立論を書く。自分の主張を支える理由に反論を加えることにより、より強化した立論ができることに気づくようにする。なお本単元は教科書教材「自分の考えをつたえるには」（光村図書四年、平成二七年度版）を改作している。

●全体計画

本単元は低学年で「反論の技術」で「分かりやすい文章」のために「話の順序」が大切であることを学び、その発展として自分の立論の強化のために反論が有効であることを学ぶ特設単元である。教科書としては「自分の考えをつたえるには」を改作する。そして内容的には教科書教材「もしものときにそなえよう」（光村図書四年、令和二年度版）の目標を網羅するものになっている。

②本単元のテーマ

教科書では「夏休みに海に行ったほうがいいか、山に行ったほうがいいか」という漠然としたテーマだったが子供の実態に即した課題に作りかえる。新たなテーマは「自分たちで遠足のコースを決めよう。鎌倉のコースでは銭洗い弁天[7]に行くか、江の島[8]に行くか、選んでみよう」とする。

このテーマを選んだのは特に理由がある。①何よりも子供が経験する遠足をテーマにしていること（これは

鎌倉遠足で筆者の体験から作った教材である）、②銭洗い弁天、江の島ともにそれぞれ山と海にあり前掲の教科書教材の山か海を選ぶ理由に適合すること、③話合いのゴールで考えが収斂され、遠足のコースに関して知識が深まるという付加価値もあること、である。

③全体計画　特設単元「遠足のコースを決めよう。江の島、銭洗い弁天、どちらを選ぶ？」

【全体計画】

時	学習活動
1	単元のめあてを確認し、学習計画を立てる。
2～4	銭洗い弁天、江の島どちらのコースを選ぶかを決めて、コースや周りの環境などを調べて、自分の立論の理由になるものを選ぶ。
5～6	調べたことを整理し、行きたいコースを発表するために、「はじめ」「中」「おわり」の「中」に当たる理由を考える。
7～8	下書きをし、推敲する。推敲の段階で予想される反論を考え、自分の立論を修正する。（本時）
9	少人数で発表会を開き、議論することにより遠足のコースを決定する。

④中学年の反論の訓練「立論の強化」

本単元での「反論の訓練」のめあては「自分の立論に予想される反論を先回りして考え、それに対して反論し自分の立論をより強化すること」である。そのめあてを達成するために次のような学習過程をとる。

【本時の学習予定】

●前時までに選んだ理由を整理し、箇条書きにして「中」の部分を作る。
●文章の下書きを作る。
・【はじめ】主張を述べる。「自分の主張『ぼくは遠足のコースで○○（江の島か銭洗い弁天のいずれかが入る）に行くことを提案します』」
・【中】理由を言う。「理由は次の三つです。第一に、……。第二に、……」
・【おわり】結語を言う。「以上でぼくの発表を終わりにします」
●【中】の理由部に対する反論を考える。
●反論を加えた文章に書き直す。

以上のような学習過程で立論を強化する。

なおここで主張型反論ではなく論証型反論が優位な点を挙げておく。論証型の場合、議論を続けることでどちらが選ばれるにせよ、長所や改善点が明らかになるのである。子供の楽しい遠足を遂行するためにも論証型反論の訓練は必要なのである。

第4節　授業の実際

1　教材文の提示

①教材名　特設単元「遠足のコースを決めよう。江の島、銭洗い弁天、どちらを選ぶ？」

ア　本実践のめあての確認　目標を明確に持つ（全体への指導）

「反論の技術」が小学校中学年で求められる学習内容に達していることを理解していただくために敢えて指導書の指導目標に照合させてみる。

●自分の考えとそれを支える理由や事例との関係を明確にして、書き表し方を工夫することができる

これは文章構成を指導することで達成できる。

●書こうとしたことが明確になっているかなど、文章に対する感想や意見を伝え合い、自分の文章のよいところを見つけることができる

反論の訓練ではこのレベルに満足することなく自分の意見のよいところだけではなく反論されそうな点を見つけ、より強化した意見を作るという一段高い段階を目指している。

◎自分の意見を見直し、反論されそうなところを先回りして相手に反論させない主張をする

これが中学年の「反論の技術」の目標となる。そしてこれは意見を言うときに自分の意見をもう一度振り返るという他教科や一般生活にも役立つ教育技術（習慣）である。

イ　教材文の提示（全体への指導）

本単元は遠足のコースを決めるという特設単元である。したがって次のような指示を与える。

「みなさんは遠足で鎌倉に行きます。鎌倉ではグループごとに自由行動になります。ただしコースは銭洗い弁天を通る山コースと、江の島に行く海コースの二つから一つを選びます。どちらのコースがいいかグループで話し合ってください」

ウ　どちらのコースか考える段階（個別の学習）

ここで子供たちは個別に銭洗い弁天の山コースか、江の島の海コースかを選ぶ。よい授業が成立するポイントは「調べる方法」について教師がきちんと準備できていること、そして子供たちが調べたことを簡潔にメモできるかということである。

エ　教師側の事前準備（子供たちの調べる方法の確保）

これは教材研究の範疇であるが、教師の事前準備として以下のことを用意しておく。ただタブレットを与え、子供たちが勝手に調べるという活動にはしないようにする。

【教師の準備例】

- 教室に遠足コーナーを設置して鎌倉に関係する本や図鑑を置いておく
- 同コーナーに銭洗い弁天や江の島の観光パンフレットを置いておく
- インターネットで鎌倉の観光地を前もって調べ、必要なホームページのリンクは記録しておき子供たちの要求に応じて適宜与えられるようにしておく
- 銭洗い弁天、江の島を中心に動画や画像を子供たちが閲覧できるようにしておく。その際はその場所だけではなく、そこに行くまでの道路状況や距離なども示せるようにしておく

2　反論の授業

①前時までに選んだ理由を整理し、箇条書きにして「中」の部分を作る段階

「銭洗い弁天」か「江の島」か決めて理由を用意している。その理由をもとに文章の下書きを書く。下書きについてはこの章末のワークシート①（一一〇頁）を使用する。

【児童発表原稿例（銭洗い弁天編）】

ぼくは遠足のコースは銭洗い弁天がいいと思います。

理由は三つあります。

一つ目は、銭洗い弁天に行くコースが山道になっていて非常に気持ちがいいことです。行くまでにハイキング気分が味わえます。

二つ目は、歴史のある神社ということです。源頼朝が一一八五年に築いたとされていて、まさに鎌倉のシンボルと言えます。

三つ目は、銭洗い弁天でしかできないことがあります。そこでお金を洗うと金運がアップするそうです。これほどありがたい神社はありません。

以上のことから遠足のコースは銭洗い弁天にすることを提案します。

②【中】の理由部に対する反論を考える段階

次に中の部分に対する反論を自分で考えてみる。またその反論に対する答えとなる再反論も考える。これは章末のワークシート②（一一一頁）を活用する。

●理由1　銭洗い弁天に行くコースが山道になっていて非常に気持ちがいいことです。行くまでにハイキング気分が味わえます。

■反論　ハイキングの気分が味わえるほどの山道を遠足のコースに選ぶのはグループの人全員が賛成するだろうか。それほど歩きたくない人もいるはずだ。また山を歩くことも危険があるのではないか。

◆再反論　健康面は銭洗い弁天コースを選ばなくても注意しなければならないことだ。また山を歩く危険性については危険箇所をチェックするなどで対処したい。

●理由2　歴史のある神社ということです。

■反論　歴史のある神社なら鎌倉にはいろいろな歴史ある神社、寺院がある。銭洗い弁天だけを取り上げるのはおかしい。

◆再反論　有名な寺社では拝観料が必要だが銭洗い弁天は無料である。お小遣いの金額は決まっているので拝観料は大きなポイントになる。

●理由3　銭洗い弁天でしかできないことがあります。そこでお金を洗うと金運がアップするそうです。

■反論　遠足は通常の授業では学ぶことのできない歴史に触れたり集団行動を学ぶ場である。お金儲けのことを考えるのはおかしい。

◆再反論　金運アップという言葉を単純にお金儲けに結びつけないでほしい。お金を浄めて大切に使うということを神社でもうたっている。お金を大切にするというのは学校教育にも合致している。

以上のように自分の挙げた理由に対し反論を加えて、さらに再反論してみる。この学習過程を通して話し手として自分の立論の弱い部分が明らかになる。そしてそこを補強することでより強固な立論になるのである。この「銭洗い弁天」を主張した子供たちは再反論を考える過程で次の三つのことに気づいた。

- **コースの安全性。**銭洗い弁天までのコースと銭洗い弁天が洞窟状になっており大勢で一斉に行くと危険なこと、道中も車が通る山道なので走らないことなどを注意事項として呼びかけた。
- **拝観料のこと。**鎌倉の神社や寺院は拝観料を取るところが多い。知らずに有名だからと調べもしないでコースに加えるとそのたびに拝観料が取られ、お小遣いがなくなってしまう。そのためこの「銭洗い弁天派」は拝観料の一覧表を作り学級全員に周知するようにした。
- **お金を洗う理由。**お金を洗うことは金運アップということではなく、お金を洗うことで心も浄められるということが本当の目的だということに気づいた。

以上のように反論は自分の立論の強化に役立つのである。

③反論を加えた文章に書き直す段階

【児童発表原稿例（銭洗い弁天編）】


ぼくは遠足のコースは銭洗い弁天がいいと思います。

理由は三つあります。一つ目は、銭洗い弁天に行くコースが山道になっていて非常に気持ちがいいことです。行くまでにハイキング気分が味わえます。

二つ目は、歴史のある神社ということです。源頼朝が一一八五年に築いたとされていてまさに鎌倉のシンボルと言えます。

三つ目は、銭洗い弁天でしかできないことがあります。そこでお金を洗うと金運がアップするそうです。これほどありがたい神社はありません。

もちろん山道を通るのですから危険箇所はないかチェックするなど安全面は注意します。

それから銭洗い弁天は鎌倉でも歴史ある有名神社であるにもかかわらず拝観料を取っていません。お小遣いのことからもありがたいです。まさに心洗われる神社、そこが銭洗い弁天です。

以上のことから遠足のコースは銭洗い弁天にすることを提案します。


以上のように反論を先回りして予想し、それを封じた立論にする。そのことにより立論が強化され、あらかじめ相手の反論を防ぐ効果が期待できる。

最初より、より強化された立論になるだけではなく次の効果も期待できる。
●複雑な文章構成を体得できること。立論だけではなく、反論を防ぐ文章を挿入することにより、より複雑な文章を書き手は体得できる
●自分の考えの不備に気づくことができる。そしてその不備を補うために自分の行動もより自分たちのためになる役立つものになる
繰り返すが自分の立論に反論を加えることは自分の行動によりよい効果をもたらすのである。

次頁でワークシートにより作業例を示す。

【ワークシート①】

遠足ワークシート①

名前【　　　　　】

学習のめあて

遠足のコースを決めます。銭洗い弁天にしますか。江の島にしますか。どちらにするか理由をつけて発表しましょう。

遠足のコースは［　　　　］がいいです。

理由

1 ［　　　　］

2 ［　　　　］

3 ［　　　　］

主張と理由をつなげて文章にしてみよう。

ぼくは遠足のコースは［　　　　］がいいと思います。理由は三つあります。

一つ目は、

二つ目は、

三つ目は、

以上のことから遠足は［　　　　］を提案します。

【ワークシート①作成の留意点】

なぜノートにせずにワークシートにするかは次のことによる。

ワークシートはテンプレートが示せること

あらかじめテンプレートを示すことでノート指導に割く時間を節約することができる。また文章構成が必ず全員一致することもワークシートの大きな長所である。

そのことを踏まえワークシート①の作成のポイントは次のようになる。

・文章構成を「はじめ（主張）」「中（理由）」「おわり（結語）」にすること。

・「中（理由）」を箇条書きにすること。

・箇条書きの書き方は「第一に」「第二に」というようにすれば聞き手が何個の理由があるのか明確に理解できること。

【ワークシート②】

遠足ワークシート②

名前【　　　　】

学習のめあて
　自分が選んだコースの理由に反論してみましょう。そしてその反論に答えてみましょう。

理由1	
予想される反論	
その答え	
理由2	
予想される反論	
その答え	
理由3	
予想される反論	
その答え	

【ワークシート②作成の留意点】

1　ワークシート②の作成の前提として

　ワークシート②が成立するのはワークシート①が箇条書きになっているからである。したがって「反論の技術」の訓練では段階を踏んだ指導が重要である。

　低学年の指導「分かりやすい話し方」を踏まえて中学年では聞き手を意識した「反論されないような強固な立論」指導となるのである。

2　作成の注意

　「話をきく」の「きく」はどんな漢字だろうか。「聞く」「聴く」「訊く」のいずれかである。反論の訓練では「訊く」であり、常に相手の意見や自分の意見の脆弱な部分を見つけ、それに反論を加え、修正していくことにより、より強固な意見にしていくのである。そしてどのような反論があるか、予想している姿勢を見せることも議論には必要である。

本章では「鎌倉遠足のコースを考える」という筆者の勤務校（栃木県）の六年生で毎年時間をとる話合いを紹介させていただいた。テーマとして地名が分かりやすいので「鎌倉」を取り上げたが、中学年でも「遠足のコースを考える」ことは実践しているはずである。その過程で自分の意見に反論を加えるという学習は無意識に中学年でもしていることである。そこで授業で反論の習慣を意識づけしていくのである。

---

1 『反論の技術―その意義と訓練方法―』、明治図書出版、一九九五年、五九―七二頁まで筆者要約。

2 『国語　四上　かがやき』、光村図書、平成二七年。「よりよい話し合いをしよう」三六頁より筆者要約。

3 前掲書2、一〇八頁、「だれもが関わり合えるように」

4 「[コラム] 意見が対立したときには」、『国語　五　銀河』、光村図書、令和二年、一三四頁。

5 前掲書2、八六―八八頁、「自分の考えをつたえるには」

6 「もしものときにそなえよう」、『国語　四下　はばたき』、光村図書、令和二年。

7 所在地　神奈川県鎌倉市佐助二―二五―一六。銭洗弁財天宇賀福神社。天下安泰を願う源頼朝に、巳の年の一一八五年（文治一）、巳の月、巳の日の夜、「この水で神仏を供養すれば天下は太平に治まる」という夢のお告げがあり建てられたと伝わる。修学旅行等では定番コース。なぜここを候補地に取り上げたかというと前掲書5の教科書の教材文「山」の長所を全て網羅しており理由の思いつかない子供も教科書の山を選ぶ理由を自分の意見として取り入れられると思うからである。

8 所在地　神奈川県藤沢市。江の島は藤沢市からの陸繋島であり、また同島全体を指した町名である。この地を候補地に選んだ理由も前掲の「銭洗い弁天」同様に前掲書5の教材文「海」の理由を網羅するものであり比較的子供が理由を書きやすいと思うからである。また「銭洗い弁天」と「江の島」では距離にして約八キロメートル離れており、両方をコースとして回れないことは子供には事前に周知させておく必要がある。

第５章

小学校高学年の授業例

第1節　「反論の技術で物語の主題を読み取る」とは

1　高学年の「反論の技術」のねらい

これまで低学年の「反論の技術」のねらいとして話合い活動で「話合いがつながること」とした。論理性のある話にすることで話が分かりやすくなることを理解し、どのような指導をすれば論理的な文章を作ることができるかを述べた。さらに前章では中学年の「反論の技術」として、ねらいを「より説得力のある立論を組み立てよう」とした。予想された反論に答えることで自分の意見を強化するということを学んだ。「話の構成」「立論」と学習を進めてきたので、本章ではいよいよ「反論を取り入れた話合い」に学習を進めていく。具体的には「反論の技術で物語の主題を読み取る」ことを学ぶ。なぜ文学的教材の主題をとらえる学習を進めるかは現行の文学的教材の指導についての批判も含め明らかにする。

①高学年における話合いについて

それでは高学年での話合いではどの程度の話すレベルが求められているのだろう。現行小学校学習指導要領第二章国語では、話題の設定、情報の収集、内容の検討については「目的や意図に応じて、日常生活の中から話題を決め、集めた材料を分類したり関係付けたりして、伝え合う内容を検討する」と定められている。「話題の設定、情報の収集、内容の検討」において主体的に子供が学習を行うためにも話題は自分の身の回りの題材を求めることが必要である。それにより話し手と聞き手が話題を共有でき、議論が深まることになる。

また話すこと（構成の検討、考えの形成）では「話の内容が明確になるように、事実と感想、意見とを区別するなど、話の構成を考えること」とされている。これは低学年から指導を積み上げてきた「分かりやすい話し方」の集大成といってよいだろう。何を伝えたいかを明確に伝えるために文章構成において事実と感想、意見とを区別し説得力のある反論を組み立てることが必要である。

以上のことを踏まえると高学年の話合いのねらいは次のようになる。

②高学年の話合い活動のねらい

前項で述べてきたように高学年の話合い活動のポイントは「目的や意図を明確にすること」「話題にする題材を日常生活の中から取り上げること」にある。そして話す技能面での指導としては「事実と感想、意見とを区別させせながら聞き手に分かりやすく伝えること」となる。

そのために教師としては議題の取り上げ方として次のことが求められる。

●話し手、聞き手ともどちらも意見を言えるような専門的知識を有しない議題であること

子供としては、

●自分の意見をはっきり言い、その意見を支える理由を客観的な事実に求めること

という態度が求められる。

2　反論の効果（文学的な文章の主題を題材にする効果）

①授業のねらい

今回の授業のねらいは先に述べたように、

●話す目的や意図を明確にして議論すること

●議論の題材は子供にとって特殊な知識を必要とするものではなく、話し手聞き手のどちらも情報を共有できるような日常的なものであること

●話し方としては事実と感想、意見とを明確に分けて説得力のある意見にすること

である。

ここで取り上げる議論の題材であるが、常に教室で反論の訓練ができるような普遍的なものが望ましい。教師にとっても普遍的に授業で取り上げられる題材の方が計画的に反論の技術を高められるからだ。また子供たちにとっても「ここで話合いになる」と授業のパターンが決まっていると学習していて安心感がある。そこで本章では「文学的な文章の主題を検討する」ということで話合いを取り入れ「反論の技術」を高めていく。なぜ「物語の主題」を話合いの題材にするかは次項以降に述べる。

②文学的な文章の主題を題材に選ぶ理由

ア　文学的な文章における読解指導の現状

現在の小学校国語科における文学教材の指導はどのように位置づけられているか。文学教材の指導は平成十

年七月二九日の教育課程審議会の答申において、国語の「改善の基本方針」として、「特に、文学的な文章の詳細な読解に偏りがちであった指導の在り方を改め」、教材は「文学的な文章に偏らないこと」とされた。この答申をきっかけに小学校版の教科書から大幅に文学教材が削減され、国語科における「文学教材の読み」の重要性は相対的に低くなった。その結果、授業では作品の読み取りは最小限にして(内容だけを理解して)、発展的な活動の時間をとり感想を新聞に書いたり、ペープサートや音読劇をしたり、拡げ読みと称して読書活動に移行したりしている。

イ　問題の所在

それらの教育を通して子供は文学的教材を読む力がついたか。小学校学習指導要領の「読むこと」の第五・六学年の目標を紹介する。読むこと領域の構造と内容の把握、精査・解釈(文学的な文章)では「登場人物の相互関係や心情などについて、描写を基に捉えること」「人物像や物語などの全体像を具体的に想像したり、表現の効果を考えたりすること」とある。この目標で明らかなことは子供の自由な読みを認めるものではないということである。特に小学校段階では子供の発達段階を考慮し、言語能力の未熟な部分は指導し改めていかなければならない。読みの誤りは正し、適切な答えに改めさせ、そこで初めて話合い等の発展学習が成立するのである。現行の指導は読みの時間が少ないために教材の解釈において作者の技巧に触れずに子供の自由な読みを個性として認め、子供の考えを全て受容している。例えば「ごんぎつね」の授業でいわし売りの声が大きいのは兵十を元気づけるためだという意見を訂正しない公開授業を見たことがある。このような授業展開では発展学習においても子供の感想が並列されるだけで、より深い読み(読みの解釈)まで至っていないのが現状である。したがってこの物語で作者は何を言いたいのか主題を明らかにすることまで及んでいない。

③訓練の基本方針

ア 「反論の技術」を取り入れる意義

最近の学習過程で問題なのは文学教材を読む目的が発展学習の新聞づくりや劇化などの表現活動の材料となっていることである。文学教材を通して作者は何を読者に伝えたかったのか、教師側としては指導事項を精選し、この教材で何を教えるかを明確にするようにしたい。そのために「反論の技術」を取り入れる意義は何なのかを明らかにしてみる。

第一に、主題を議論することにより子供たちは何回も教材を読む機会を持つということである。思いつきで意見を言うのではなく、明確な理由があってこそ意見を主張できるのである。そのために教材をよく読み、文章構成や表現の工夫など作者の技巧・工夫を読み取り、自分の意見に加えていくのである。

第二に、自分の主張を相手に分かりやすく的確に伝える訓練になるということである。先に高学年の「話すこと」の目標は「話の内容が明確になるように、事実と感想、意見とを区別するなど、話の構成を考えること」と明らかにした。物語の主題はまさにこの目標達成に合致し、「教科書では○○の記述があるので、……」というように事実と自分の意見が比較的区別しやすい文章構成を作ることができる。

第三に、同じ教材を用いるために相手の意見と自分の考えを比較することで新たな気づきが生まれることである。同じ表現でも自分と違う解釈に出合ったら、どうしてそのような考えになるのか吟味して新たに教材に向かわねばならない。まさに深い読み取りが期待できる。

このように「反論の技術」を取り入れることで、思考力、判断力、表現力が育成でき、子供の主体的な学力形成に結びつくのである。

イ 授業の形態（もう一度、対話と議論を明確に区別しよう）

第1章第2節で述べたが、ここで再度、対話と議論の違いを明確にしておこう。

対話とはその節でも示した通り「『二人で話し合う』ことが目的でありお互いの考えの確認にとどまることが多いようだ。結論を出さないことでお互いのコミュニケーションを図る場でもあり、答えを出すことが目的ではなく、教師としては子供同士の話合いの機会を与えたり、他人の答えを聞いたりするという学習の目的のために用いられる手法である」（第1章第2節「1 反論の効果について」から抜粋）である。全体の意見の一致という点では有効な学習方法であるが、議論とは決定的に異なる学習過程がある。それは「説得」という学習活動がないということである。

議論では相手を説得するために「分かりやすい話し方」「話し方の工夫」「相手の意見の誤りや弱点に気づく」など、話す聞く領域で高い学習能力が要求される。また授業の形態としても全体の意見に委ねることなく個人の学習が主になるために一人一人が自分の意見を考え主張を繰り返す過程で、学習指導要領の目標を達成することが期待できる。

ウ　題材の与え方

それでは子供たちに議論の題材をどう与えるかである。先に子供たちの読み取りを「思いつきではなく」と理由もない勝手な解釈を否定した。議論の指導においても同様に子供の「思いつき」に任せるのではなく子供の思考力、判断力、表現力を育成するために議論の題材は与えなければならない。そのために教師は年間指導計画を作成する段階で「どの教材で」「どのような学習過程において」「どんな目的で」反論の技術を取り入れた議論指導を指導するかを考えるべきである。本書では「文学的教材の主題」を理解するために反論の技術を取り入れる。具体的な指導例は次項以降に譲る。

第2節　教材文の選択

1　テーマの条件に合った教材

本節の目的は「目的や意図を明確にすること」「話題にする題材を日常生活の中から取り上げること」をとらえることである。そして話す技能面では「事実と感想、意見とを区別させながら聞き手に分かりやすく伝えること」を指導することである。さらに教材として文学的教材を選択し、その主題について議論し考えを深めようとしている。

それではどのような教材が議論にふさわしいか検討してみよう。本書では詩・短歌・俳句などの韻文教材も文学的教材に含める。理由はこれらの教材も解釈が一様ではなく十分に議論に発展すると思われるからだ。一方、物語や小説などの教材は主題だけではなく主人公や話の構成なども議論することが十分に可能である。したがって物語等においては「主題＝作者が言いたかったこと」だけではなく話の構成や主人公は誰かなども議論の対象に加えることにする。高学年のテーマに合った教材をまとめてみよう。

- **詩・短歌・俳句などの韻文教材で情景を想像する**
- **物語の主題を把握する**
- **物語の構造を把握する**

の三つのテーマで教材を選び議論を進めていく。

なお本項の標記は左記の通りになっている。

●丸数字　題材のテーマ
●教材名と学習のめあて
この教材の議論のテーマは何かを記した。
●教材について〈特に項目名は設けていない〉
その教材の解説とこの教材で習うことを特に議論のテーマになり得ることを中心に記した。時には議論だけではなく学年として押さえておくべき学習事項も示した。
●学習活動〈特に項目名は設けていない〉
単元の学習の流れを以下のように記した。
一、
二、
三、
…

2　教材の実際

①詩・短歌・俳句などの韻文教材で情景を想像する題材

ア　自分流枕草子を作ろう（「季節の言葉（「枕草子」）」光村図書五年、令和二年度版）

古典については内容や情景を想像しながら音読することと段落構成や言葉を学ぶために視写をすることが大きな学習の流れだと思われる。本授業では「反論の技術」を用いて指導することにより内容をより一層理解し、作者である清少納言を身近に感じられるような指導を試みる。留意点として清少納言は一日の中の時間帯を用いたが、子供の作品はそれぞれの季節ごとの印象に残る行事や食べ物などの日常の生活品でもよいとした。現代は平安時代より格段にものや情報が多くなり、季節ごとの好きなものも個人で多様化していると考えたからだ。

一、「枕草子」を読み、清少納言は春、夏、秋、冬というそれぞれの季節の中で一日のうちのいつが一番よいといっているのかまとめる。

二、自分にとって春、夏、秋、冬、それぞれに印象に残るもの、好きなものを三つ選ぶ。

三、「枕草子」の文章構成を習って自分流の枕草子を作る。

四、できた枕草子をグループで発表して「ベスト枕草子」を決める。

通常の学習なら議論ではなく話合いになり、グループで発表会を開く。その後、友達の作品のよいところを認め、ほめる。という学習過程になるだろうが、本実践では議論として誰の作品が一番よいか、というように進めていく。また右の学習計画では三と四の段階で議論を重ねることにより繰り返し書き直すことで作品の質を高めていく。

イ　推敲してどちらがいいか議論しよう（「日常を十七音で」光村図書五年、令和二年度版）

推敲は学習指導要領での「書くこと」領域の範疇であり、自分たちの書いた文章のよかったことを話し合う学習活動が紹介されている。この訓練ではその学習範囲を広げ、推敲というのは古典作品でも行われていること、俳句や短歌なども思いつきで作られたものではないことを学ぶようにする。そして伝統文化への尊敬の念も育てていく。推敲に慣れたら自分たちの作った俳句も推敲するようにする。

（教科書にはないが松尾芭蕉の推敲した俳句を学習例として載せた。また教科書の教材を使う場合は、小林一茶の二句を題材に、どちらがよいか選ばせる学習も可能）

一、俳句を提示する。どの作品が一番よいか理由をつけて選ぶことを知る。

●閑さや岩にしみ入る蝉の声

●山寺や石にしみつく蝉の声

●淋しさの岩にしみ込むせみの声

●さびしさや岩にしみ込む蝉のこえ

二、推敲のポイントを知る。

・季語は何か　・季重ねなど文法的な誤りはないか　・適切な言葉が使われているか　等

三、自分の選んだ俳句を書き、友達に発表する。どの俳句が一番よいか、議論する。

四、最終的には「しみ入る／しみつく／しみ込む」など言葉の選択から「閑さや岩にしみ入る蝉の声」を子供たちの議論で選んでいくことが理想になる。

五、俳句を自分で作成する。

六、友達と発表し合う。「閑さや……」同様に推敲のポイントに注意してグループ内のどの俳句がよかったかを決める。

②物語の主題を把握するための題材

ア　擬人法と視点を学ぶ（「大造じいさんとガン」光村図書五年、令和二年度版）

最終場面での大造じいさんの「堂々と戦おう」の言葉に注目させる。そして残雪を擬人化して、大造じいさんに反論させることにより（印象ではなく）叙述に即して物語を読み、主題が明確に分かるようになる授業を組み立てていく。

一、反論する教材文を確認する。

大造じいさんの最後の言葉に残雪が反論する形になる。

二、大造じいさんの最後の言葉の主張と理由を確認する。

三、残雪の立場から反論を考える。

以上の学習を議論により進めることで残雪が擬人化されていること、物語には視点があることを学ぶ。

詳しくは第4節で授業例として紹介するのでそちらを参照してほしい。

イ　サブタイトルをつけることにより象徴性を学ぼう（「カレーライス」光村図書五年、令和二年度版）

なぜ作者はこの物語に「カレーライス」という名前をつけたのか。そして「カレーライス」とは何の象徴なのか。副題（サブタイトル）をつけることで、子供たちがこの物語をどう読み取っているかを明らかにしたい。カレーライスが象徴するものこそ、この物語の主題であり子供たちが正確に把握しなければならないことである。「ひろし」と「お父さん」の「カレーライス」に対する認識の違いが父と子の相克（冷戦状態）を引き起こしているのである。その冷戦状態を作り上げているゲーム機のコードをぬいたこともぜひ物語の伏線として指導したい。さらに父がカレーライスに象徴される「ひろし」の成長に気づき、分かり合えることを副題に含めているかに注目したい。

一、本単元のめあてを知る。

次のような指示を出す。「この教材のタイトルはカレーライスです。でもカレーライスだけではこのお話の内容が分かりません。一言で内容が分かるようにサブタイトル〈副題〉をつけてみましょう。そのめあてを達成するために本文を読んでみましょう」。ここでサブタイトルが分からない子供のために例を紹介する。

【紹介した例】

●『ちびまる子ちゃん』「まる子、スイスの味を楽しむ」→スイスを旅行したか、友達のはなわくんからおみやげをもらったか、想像力をかき立てられますね。

●逆にサブタイトルを示してタイトルを当てさせるのも効果的

「トンネルのむこうは、不思議の町でした」（『千と千尋の神隠し』）

二、「ひろし」の視点で「カレーライス」を読んでみよう。

「絶対にあやまるもんか」から素直に自分の気持ちを表現できない葛藤を抱えている「ひろし」の気持ちの変化をとらえる。

三、「お父さん」の視点で「ひろし」のことをどう思っていたのかを考える。

「ひろし」の態度は「お父さん」が自分のことを理解していないことが原因である。「お父さん」は「ひろし」のことをどう思っているか会話と行動から読み取る。

四、「ひろし」がなぜ中辛のカレーライスにこだわるのか、考える。

二人の葛藤を象徴するものがカレーライスの辛さである。「甘口」が象徴するもの、「中辛」が象徴するものは何かを考える。

五、サブタイトルを考え発表し合う。どの作品が一番いいか決める。〈議論場面〉

「カレーライス」にサブタイトルをつける。そしてどのサブタイトルがいいか、少人数で発表し合って代表作品を選ぶ。さらに代表作品に選ばれた作品はプレゼンテーションして最優秀作品を選ぶ。

③物語の構造を把握する題材

ア　クライマックスはどこか探そう（「海の命」光村図書六年、令和二年度版）

「海の命」は主人公の「太一」の少年時代から壮年さらに一生涯を想像させる物語である。「太一」は少年時代の「太一の父」や「与吉じいさ」といった海に生きる人物との関わりを通して成長していく。そして父を死に追いやった「瀬の主」と戦うことを心に抱きながら毎日漁をしている。当然のことながら本教材のクライマックスは「太一」と「瀬の主」の対峙場面である。対峙している場面でもどの一文を選ぶかにより子供の解釈は異なるだろう。自分の解釈を伝え、さらに友達の意見を聞いて自分の考えを見直すこともでき、議論には適した教材だということができる。

一、クライマックスの意味を知ろう。

クライマックスとは物語の最高潮部分、つまりそこで主人公に大きな心情の変化や行動の変化など、大きく変わったときである。では主人公の「太一」が一番変化したのはどこか。そこを議論して考えを深める。

二、「太一」が一番変わったと思う描写をとらえ、議論する。

●**「これが自分の追い求めてきたまぼろしの魚、村一番のもぐり漁師だった父を破った瀬の主なのかもしれない」**

（理由）夢が叶い、いよいよ「瀬の主」と対決することになったから。

●**「水の中で太一はふっとほほえみ、口から銀のあぶくを出した」**

（理由）「瀬の主」との対決をやめ、大魚を自分の父親と認めたから。

●「『おとう、ここにおられたのですか。また会いに来ますから』」

（理由）村一番の漁師でも殺せない魚がいる、それを自分の父親であり海の命と思うことで自分の心に整理をつけているから。

イ　叙述からこれからの二人がどうなるか考えよう（「なまえつけてよ」光村図書五年、令和二年度版）

本教材は叙述から「春花」と「勇太」の人物像を読み取り、二人の心の移り変わる様子を人物像同様に叙述からとらえていく。そして最終場面で「勇太」から紙の馬をもらった「春花」が馬にどのような名前をつけ、そして「勇太」とどのような人間関係になるかを想像し友達と議論する学習過程を組む。二人がこれからどうなるかは書かれていないため想像しなければならないが、叙述されたこれまでの行動や態度から二人の行動を考え議論につなげていきたい。

一、登場人物の人物像をとらえる。

登場人物の行動や会話、また人物や周りの情景の描写などからどのような人物像に作者は設定しているのか読み取る。

二、「春花」の「勇太」に対する気持ち、「勇太」の「春花」に対する気持ちを読み取る。

日によって移り変わる二人の気持ちと、物語から読み取った相手に対する気持ちの移り変わりをまとめる。

三、二人の今後の関係を想像する。〈議論場面〉

これまでまとめた二人の関係をもとに今後どのように二人が関わっていくか想像して議論する。理由は思いつきではなくこれまで調べた叙述から判断するようにする。

第3節　テーマの確認とテーマに沿った単元計画

1　本節のねらい

本章のねらいは「『反論の技術』を学ぶ題材として文学的教材の主題をとらえる学習を取り入れる」ことである。このねらいを達成するために次のように単元計画を作る。

●学習活動の工夫を試みる。「反論の訓練」として必ず議論活動を位置づける。主題を明らかにするために従来は多様な読みと称し、話合いにより様々な読み取りが許容されてきた。本単元では主題を議論により深めていく

●議論のテーマは教師が指定する。学び合いでは子供が話し合うテーマを自分たちで決めるのが常道である。しかしながら議論に合ったテーマ、つまり「反論の技術」で紹介した六つの条件に合致したものでなければならない。テーマが魅力的なものでなければ議論指導にはならない。したがってテーマについては六つの条件に沿うように教師があらかじめ考えておくべきだ

●自分の主張を支える理由については、必ず教材文の叙述を引用したり、描写から判断した内容にする。思いつきで理由にするのではなく必ず教科書の叙述から理由を書くようにする

以上の三点を踏まえ、授業に入っていく。

2　文学的教材の主題をとらえる授業の全体計画

①「大造じいさんとガン」の主題をとらえる全体計画

●単元設定の趣旨

本実践では「大造じいさんとガン」（光村図書五年、令和二年度版）を教材として議論指導により主題を明らかにする学習活動を試みる。ただし本教材は主題を読み取るだけではなく大造じいさんの心情の変化や情景描写の工夫なども確実に指導していきたい。例えば情景描写などから大造じいさんの気持ちはこのように読み取れる、などという議論指導が十分に実現可能と思われる。このように議論指導においても魅力十分な教材なので主題を読み取るだけではなく、ぜひ他のテーマで議論指導の学習過程を作ってほしい。

②本単元のテーマ

まず本教材ではどのようなことを指導するのか述べよう。

●テーマ1　「大造じいさんの気持ちの変化」

大造じいさんが「かりゅうど」ということにまず子供たちは興味を引かれるだろう。「かりゅうど」とは動物や鳥類を獲物にすることによって生計を立てている人だということを確実に理解させる。その理解により残雪についての思いがより鮮明になる。つまり大造じいさんにとって残雪とはいまいましい邪魔者であり、いては困るほど憎たらしい存在なのである。大造じいさんにとって狩りとはレジャーなのではなく自分の生命がかかった戦いなのである。そのことを理解しておくと徐々に残雪のことを見直し最終的には獲物でありながら殺さずに返してやる描写につながるのである。

●テーマ２「残雪について」

一方、残雪は大造じいさんのことをどう思っているか。この教材を読んでいると、どうしても大造じいさんの視点で物語を読んでしまう。だから残雪も大造じいさんと狩りをゲームのような感覚でいるように錯覚してしまう。しかし残雪にとって大造じいさんは自分の生命を脅かすきわめて危険な存在なのである。このことを子供にぜひ認識させたい。つまり大造じいさんとは決してスポーツのような戦いにはならないのである。そのことを意識すると大造じいさんの最終場面での言葉がいかに大造じいさん側の一方的な思い込みで為されているかが分かる。そのことを議論指導で明らかにしたい。

●テーマ３「情景描写」

「あかつきの光が、……すがすがしく流れこんできました」

あかつき（夜明け）の光が朝霧の中を通って、冷気とともにすがすがしく流れ込んでくる。「きっと作戦がうまくいく、今日で残雪との戦いは終わりだ」という大造じいさんの気持ちが象徴される描写である。

「らんまんとさいたスモモの花が、……雪のように清らかに、はらはらと散りました」

暖かな春、爛漫とさいたすももの花が散る美しい場面。誰の心情を表しているのか。大造じいさんである。一方、残雪はどう思っているか。実は全然書かれていないのである。

このように魅力的な物語であるが、全て大造じいさんからの視点で話が展開されているのが分かるだろう。では一方の残雪からの視点ではこの物語はどのように展開しているのか。視点を変えて物語を見ることが主題の把握にもつながる。そのため大造じいさんと残雪の心情を議論でとらえるようにする。

③全体計画　「大造じいさんとガン」

【全体計画】

時	学習活動
1	単元のめあてを確認し、学習計画を立てる。めあて「最終場面で残雪は大造じいさんとまた戦いたいと思っているのだろうか」
2～4	通読して物語の概略をとらえる。印象に残った場面を中心に感想を書く。
5～6	物語の中で情景や色彩描写で大造じいさんの心情が読み取れる場面を見つける。
7～8	大造じいさんの残雪に対する気持ちの変化「たかが鳥だ」→「なかなかやる」→「ただの鳥に対しているような気がしない」→「ガンの英雄」に移り変わることを理解し、その理由を考える。
9	大造じいさんが残雪に呼びかけている言葉に残雪の立場で反論する文章を書く。（本時）

④高学年の反論の訓練

本単元での「反論の訓練」のめあては「反論の技術で物語の主題を読み取る」である。そのめあてを達成するために次のような学習過程をとる。

【本時の学習予定】

●反論する教材文を確認する

本単元の場合、反論する対象は大造じいさんが残雪に向けて言った言葉とする。

●大造じいさんの言葉の主張と根拠を確認する

主張とそれを支える理由と結語を考える。

●残雪の立場に立って大造じいさんへの反論を考える

次の二点を考える。

ア　残雪は大造じいさんにとって敵なのか

イ　大造じいさんは正当な手段で残雪と戦っているか

以上のような学習過程で主題に迫っていく。

この学習を通してこれまでの読み取りの授業では大造じいさんからの視点で読んでいることが分かるだろう。そこで教師として指導が必要になるのが前書きの効果である。前書きによりこの物語は「大造じいさんの思い出語りであること」が明らかになり、ところどころ視点が変わる描写があるものの全体を通して大造じいさんの視点から物語は進行しているのである。だから本単元では視点を変えることにより大造じいさん、残雪の立場をより一層理解するように努めた。

第4節　授業の実際

1　教材文の提示

●本単元の効果

「大造じいさんとガン」の子供の授業後の感想を読むと「来年の戦いが楽しみ」や「正々堂々と闘う姿が見たい」等の戦いを楽しみにする読後感が多く見られる。これは本教材が狩人である大造じいさんから語られた物語なので、これからも「人間対獲物の鳥」という展開が続くことを予想してのものだろう。また最後の場面には「らんまんとさいたスモモの花が（中略）はらはらと散りました」や「（大造じいさんの）晴れ晴れとした顔つき」など、すがすがしい描写の記述が多用されている（なぜすがすがしい描写になるのかは後述する）。それらを読むと、まるでスポーツでのライバル同士の戦いのように感じてしまっている子供が多い。しかし狩人と獲物という観点から見ると決してスポーツのような戦いでないことは明らかである。そこで今回は大造じいさんの最後の言葉に反論することにより、視点を変えて読むとどうなるか、また作者はなぜそのような言葉を大造じいさんに語らせたのかを明らかにしたい。そして議論することにより作者の表現の工夫（本教材では情景描写や擬人化等）、作品の主題が明確になる効果があることを明らかにしたい。したがって本単元で扱うのは大造じいさんが残雪に呼びかけた最後の言葉であり、それを残雪の視点から考えるという試みである。

2　単元計画

①反論する教材文の確認

大造じいさんの最後の言葉に残雪から反論する形にする。ただし反論する箇所を明らかにするために左記のようにリライトする。

「残雪よ。お前とおれは敵だけどおれはひきょうなやり方でお前を倒したくない。来年も仲間を引き連れて来い。そして正々堂々と戦おうじゃないか」

②主張と根拠の確認する

主張と根拠を確認する。

主張

残雪は自分の敵であり、正々堂々と戦って倒したい。

理由

残雪を頭領とするガンの群れはおれ（大造じいさん）にとって敵である。

ひきょうなやり方はせず正々堂々と戦う。

結論

来年も残雪とおれは正々堂々と戦う。

③反論を考える

次の二点を考える。

ア　残雪は大造じいさんにとって敵なのか

大造じいさんは狩人だが残雪が来てから獲物のガンがとれなくなった。そのため残雪を忌々しい敵と思っている。

しかし残雪にとって飛来する目的はえさを取るためで、大造じいさんと戦うためではない。残雪が敵であるということは大造じいさんの一方的な見方であって残雪にそれは当てはまらない。

イ　大造じいさんは正当な手段で残雪と戦っているか

大造じいさんの戦い方は次のようになる。

- **ウナギ釣り針で生けどりにすること**
- **タニシを寄せ餌として使うこと**
- **おとりのガンを使うこと**
- **鉄砲という武器で仕留めること**

これらは全て大造じいさんが一方的に「正々堂々」と認めているものである。しかし残雪にとっては大造じいさんと戦っているわけではなく、ましてや戦うために必要な武器も持っていない。したがって大造じいさんが言う「正々堂々と戦う」は大造じいさんの一方的な思い込みであり、残雪の立場からは成立しない。ここは授業で確実に子供に把握させるようにしたい。

3　本時の展開例

大造じいさんの最後の呼びかけに残雪になったつもりで反論を試みる。構成については既に第3章の低学年編で述べているのでそちらを参照してほしい。

自分の立場の表明

「反論」なので大造じいさんの呼びかけに反対の立場になる。

反論する箇所の引用

残雪を頭領とするガンの群れは大造じいさんにとっては敵になる。

大造じいさんはガンの群れと毎年正々堂々と戦っていると思っている。

反論の文章を書く

「自分の立場の表明」→「反論する箇所の引用と反論」→「結論」の順で反論の文章を書く。

【残雪の反論例】

私は大造じいさんの言葉に反論します。

第一に、大造じいさんは私のことを敵と言っています。しかし私はえさを取りに来ているのであって、大造じいさんと戦うために沼に来ているのではありません。したがって敵という言葉は当てはまりません。

第二に、正々堂々と戦うと言いますが、大造じいさんは武器や罠を用意して、戦う気がない私たちを襲っているのであり正々堂々と戦うということは成り立ちません。

以上のことから大造じいさんの呼びかけは自分の一方的な思いを述べたものであり、私（残雪）は大造じいさんの敵でもなく正々堂々と戦うこともありません。

物語に反論を取り入れることの効果を述べる。反論を取り入れることにより本単元のように物語の進行が主人公からの一方的な視点で語られていることが明らかになる。反論することにより物語の主題がより明確になるのである。本単元では冒頭で読後の子供の感想が大造じいさんと残雪との戦いをスポーツの試合後のようなすがすがしい感想で終わっていることを批判した。その原因は大造じいさんの視点で物語が進行しているためであることを説明した。「反論の技術」を取り入れた議論指導を試みることにより、「敵」や「正々堂々と戦う」の言葉に反論することになり、この物語は大造じいさんの視点から語られていることを読者は理解するだろう。したがって授業として主題をまとめると、作者が言いたかったことは大造じいさんの残雪に対する心情の変化ということになる。特に冒頭のいろりを囲んで大造じいさんが昔話を話している場面をしっかり子供にとらえさせ、この物語が大造じいさんの思い出話で構成されていることをおさえることが必要である。だから最終場面も大造じいさんの心情を描いているので、すがすがしい描写となるのである（これが本節の冒頭で述べたなぜすがすがしい描写になるのか、の答えである）。本単元で「反論の技術」により議論指導を試みて読後の子供たちの感想は次のように変化した。

来年以降も大造じいさんと残雪は戦いを続けるのかということである。さらに言えば「反論の技術」により議論指導を続けていくと「戦う」という大造じいさんの言葉に違和感を持つ子供も出てきた。これは「戦い」というのは勝敗がつくものであり、これまで大造じいさんは負けが続いているが、残雪にとっては一度でも負ければ命が奪われてしまう。とても戦いとは言えないのではないかという考えが芽生えてきたのである。

そして次のような議論になった。

【戦う派の意見として】

●飼われていた二羽のガンの違いから

大造じいさんに飼われていたのは残雪だけではない。前のおとりのガンも二年間、飼っていたはずである。そのガンは大造じいさんの肩に止まるほどなついていたが、残雪はすぐに飛び立ってしまう。残雪にとって大造じいさんよりなかまのガンが大切なのである。だから来年もまた残雪はやってくる。

【戦わない派の意見として】

大造じいさんはもう残雪を獲物の鳥と見ていないのではないか。だから一年間、治療してやったのだろう。戦うといっても、もう人間と同じように尊敬している残雪を仕留めるのはおかしい。

どちらの意見も「前のガンとの比較」「大造じいさんの『ガンの英雄』などの言葉」から今後の展開を予想している。「反論の技術」により残雪の立場からの議論がなければ出なかった考えである。したがって深い読み取りとしてどちらも正解にしたい。

【ワークシート①】

「大造じいさんとガン」ワークシート①

名前【　　　　　】

学習のめあて

大造じいさんが残雪に向けて語った言葉を主張とそれを支える理由がはっきり分かるような文章に書き直しましょう。

大造じいさんの言いたいことは

［　　　　］です。

理由

1 ［　　　　］

2 ［　　　　］

3 ［　　　　］

主張と理由をつなげて文章にしてみよう（一例として正解例を書く）。

> 残雪は自分の敵であり、正々堂々と戦って倒したい。
> なぜ倒すかというと残雪を頭領とするガンの群れは自分にとって獲物である。
> しかし獲るためにひきょうなやり方はせず正々堂々と戦う。
> だから来年も残雪よ、おれと正々堂々と戦おう。

【ワークシート①作成の留意点】

大造じいさんの言葉をまとめると

「残雪よ。お前とおれは敵だけどおれはひきょうなやり方でお前を倒したくない。来年も仲間を引き連れてこい。そして正々堂々と戦おうじゃないか」

である。

しかしこのままでは主張とそれを支える理由が明確に伝わらない。そのために次の三点を明確にする。

・主張は何か
・それを支える理由は何か
・自分の意見がこれで終わりだと示すための結語

以上の三点が明らかになるように文章構成を整える。文章構成を整えることにより低学年から指導してきた「分かりやすい話し方」になり、聞き手の反論につながるのである。

【ワークシート②】

「大造じいさんとガン」ワークシート②

名前【　　　　　】

学習のめあて

残雪になって大造じいさんの言葉に反論してみよう。

私は大造じいさんの言葉に反論します。【自分の立場の表明】

第一に、大造じいさんは私のことを敵と言っています。【反論する箇所の引用】

しかし私はえさを取りに来ているのであって、大造じいさんと戦うために沼に来ているのではありません。したがって敵という言葉は当てはまりません。【反論の文章】

第二に、正々堂々と戦うと言っています。【反論する箇所の引用】

しかし大造じいさんは武器や罠を用意して、戦う気がない私たちを襲っているのであり正々堂々と戦うということは成り立ちません。【反論の文章】

以上のことから大造じいさんの呼びかけは自分の一方的な思いを述べたものであり、私（残雪）は大造じいさんの敵でもなく正々堂々と戦うこともありません。【結語】

【残雪の反論例】

【ワークシート②作成の留意点と効果】

1　ワークシート②の作成の前提として

第4章の中学年編でも書いたがワークシート②が成立するのはワークシート①が箇条書きになっているからである。そして必ず相手の意見の中で反論する文章を引用することが大切である。

2　議論の効果として

最後の場面を議論することにより次のような効果を得た。

【「残雪」という名前の由来について】

教科書では羽に白い交じり毛があるから、という理由が書いてあるが最後の描写を議論することにより残雪が飛び立った先にあるものは山に残る残雪である。つまり残雪が残雪に向かって飛び立つという美しい描写になるのである。

このように描写の理解が深まることも議論指導の効果である。

第６章

中学校の授業例

第1節　「反論を教える教師の能力」とは

1　中学校教育での「反論の技術」のねらい

①「反論の技術」は教えられてきたか

これまでの「反論の技術」の学習において次の三段階で系統立てた指導をしてきた。具体的には低学年では「分かりやすい話し方」、中学年では「相手を説得する強力な立論の作り方」、高学年では「物語の主題を題材に実際の反論の仕方」を学んできた。中学校では「反論の技術」の集大成として次の二点を教師側の目標とする。

- 「反論の技術」に適した教材を自作できる能力を身に付けること
- 「反論の技術」で学んだ議論指導を他の教科にも応用として活用すること

つまり小学校段階では子供を指導することに重点が置かれていたが、中学校段階では教師の「反論の技術」の能力を高めることをねらいとする。すなわち教室で自分が作成した教材を使って生徒に「反論の技術」を教えるのである。なぜ自分で反論する、つまり議論指導用の教材を用意する必要があるのか、それは教科書が語ってくれている。東京書籍刊『新編新しい国語２』（平成二八年度版）を見ると九九頁に「反対意見を想定して書こう」、二四五頁に「反論する」で水かけ論が収録されている。これは本書では小学校中学年までに指導されたことである。さらに言えば小学校編では学習指導要領から必ず逸脱しないように内容を考えているので本書で紹介した「反論の技術」を指導することは当該学年にとっては難しくて手が出ないということはないだろう。

これは中学校の教科書に不備があるというのではなく、いかに反論がこれまで等閑に付されてきたかということを物語るものである。最近、論理性ということが強調され、ようやく議論にも注目が集まってきたばかりである。したがってこれまで教材が少なかったのもやむを得ない。

ではこのような状態で先に記した二点を指導するにあたり注意することを述べていこう。一番大きなマイナスは教師自身が議論に慣れていないということが挙げられる。つまり自分で議論を教えられたこと、経験したことがないということである。議論の指導法も分からず授業で議論をさせるのだから、当然その議論は無手勝流が横行することとなる。一見、その授業は活発に見えるがなんのために議論しているのか分からず、答えを他人の考えと比較し、より高次な次元に高めていくという学習過程にならないのである。それは学習の答えを出すことが目的ではなく「議論すること」が授業の目的になってしまっているからである。

そうならないために議論指導に教師はどのような態度で臨めばよいのだろうか。次項で明らかにする。

②議論指導に臨む教師の心構え　学ぶとは真似すること

先に議論指導はこれまで等閑に付されてきた（あまり授業で取り上げられることはなかった）と書いた。当然のことながら議論を教えられていない教師はどのように議論を生徒に教えたらよいのか途方に暮れることだろう。しかしながら他の教科では必ず教師がお手本を見せたはずである。例えば現在の体育は授業でダンスを教えることになっているが、体育の教師がダンスのお手本を示さず発表会をするとなったら子供の方が途方に暮れるに違いない。また子供たち同士で話し合ってダンス発表会が成立したとしても、そのダンスのレベルはおそらくかなり低いものになるだろう。したがって教師は子供が模倣できるレベルの議論を自修して授業に臨む必要があるのである。

では「反論の技術」を指導するために教師としてはどのような心構えで授業に臨めばよいのか。香西が『反論の技術』で指摘している心構えを踏まえながら現実に教師としてどのような姿勢で授業に臨めばよいかを示そう。

③「反論の技術」を教えるための教師の心構え

香西が示している心構えは次の通りである。

- **訓練は最初から完全なものを目指さないこと**
- **訓練は自分が直接教えている生徒の能力を高めることだけを目標とすること**
- **訓練は事後指導よりも事前指導を重視すること**

この三点の心構えがなぜ必要かを考察してみよう。

まず第一に「訓練は最初から完全なものを目指さないこと」ということである。これは特に議論指導が得意な先生は注意しなければならないだろう。「反論の技術」は小学校の低学年から教えているが、おそらく訓練を始めたばかりの子供の反論は（先生にとっては）物足りずに欠点ばかりのものになるだろう。しかしこれは当然で、習い始めた子供がいきなり完璧な答案を書くことができるはずがないのである。教師としても小学校から中学校へと段階を踏んで指導していくはずである。したがっていきなり完璧な答えを目指さず、多少不備があってもその授業のめあてを達成していれば合格点をあげてやるべきである。それゆえ授業に臨む教師としては授業の目標とその授業で目指す評価基準を必ず用意しておくべきなのである。

●教師の心構え　その一　訓練は最初から完全なものを目指さないこと
●必要なもの　学習のめあて　評価基準

第二に「訓練は自分が直接教えている生徒の能力を高めることだけを目標とすること」ということである。これは一見、無責任なようだが至極当然のことである。例えば学習指導案を見るとよい。必ず児童生徒の実態という欄があるはずである。この授業のねらいにおける子供の実態はこのようなので（具体的な記述）、このような指導（具体的な記述）をする、という書き方が一般的なはずである。ただし指導においては必ず小学校入学から中学校卒業までを見通した学習指導計画に沿って学習のめあてを設定することが望ましい。

●教師の心構え　その二　訓練は自分が直接教えている生徒の能力を高めることだけを目標とする
●必要なもの　小学校から中学校までを見通した学習指導計画

第三に「訓練は事後指導よりも事前指導を重視すること」である。これは教室でよく見られる光景であるが山のように子供の作文やノートを抱え、それを添削し子供に返している先生がおられる。しかしその労力に対して子供の力はついたか。素朴な感想であるがその添削指導によって子供たちの書く力がついたならば添削は回を追うごとに減ってくるはずではないか。いつまでも同じ量ということは効果がないということではないか。これは簡単なことで朱書きされることで力がついた子供は、朱書きしなくても事前に指導していれば十分な学習効果を上げられる力を持っているのである。一方、いつも朱で直される子はだんだんやる気を失ってくるに違いない。それは当然で自分が一生懸命書いて完成した作品がいつも直されて返ってくるのである。見直したくないというのが本音だろう。したがって訓練は事前指導を重視し正解を示してやるべきである。

●教師の心構え　その三　訓練は事後指導よりも事前指導を重視すること
●必要なもの　教材研究により事前に指導することをまとめておく

2　「反論の技術」の訓練例　リライトと反論の文章の型を教えること

「反論の技術」を実践するにあたり教師の心構えを前項までに示しておいた。それでは本項では「反論の技術」の具体的な指導法を述べたい。前項で中学校での指導では「反論の技術」において教師の次のような能力が必要であると述べた。

●「反論の技術」に適した教材を自作できる能力を身に付けること

●「反論の技術」で学んだ議論指導を他の教科にも応用として活用すること

なぜこの二つが必要かを次項で述べる。

①なぜ「反論の技術」に適した教材を自作できる能力が必要か

教材自作の能力が必要なことは次の理由による。

●反論できる意見文が少ない

これは教科書の配当教材の割合からいっても仕方がないのだが、意見文は一年間に一単元しか収録されていない。この一単元で反論が使いこなせる技術を身に付けられる生徒はおそらくいないだろう。またいたとしたらその生徒は授業とは関係なく反論の技術を身に付けられる天与の才を持っている生徒である。

●反論の型が教えられていない

香西は「論証の方法やその種類について教えられていない」とし、反論の型を教える必要性を述べている。これはその通りで「論証」や「主張」「根拠」など、言葉の説明の記述はあるが、それをどのように指導するのかまでは書かれていない。したがって意見文などの文中でどのような意味を持つのか、生徒は理解するのが難しい。これは前項で書いたように教師として反論の自修で理解し、生徒に指導しないと議論指導は必ず失敗する。必ず教材研究で理解しておくべきだ。

さらに意見文の書き方はあるがそれに反論する文章は教えられていない。したがって生徒は意見文を書くがそれに反論する訓練ができていない。つまりその課題を克服するために教師は生徒に反論の型を教える必要がある。以上のことから教師は、

● 「反論の技術」に適した教材を自作できる能力を身に付けること
● 「反論の技術」で学んだ議論指導を他の教科にも応用として活用すること

が必要なのである。

それでは具体的に反論の型とリライトについて述べたいが、「反論の型」については第3章の低学年編で詳しく説明しているのでそちらを参照してほしい。

それではリライトについてどのように指導するのか次の項で説明する。

3　リライトの指導例

文章の自作例として実際の意見文を反論のためにリライトしてみよう。

①教材文の提示

次の意見文を取り上げる。

【筆者による自作教材】

学校の部活動について

中学生A

多くの中学校・高校では運動部と文化部のいわゆる部活動があります。私が不思議に思うのはこの部活動に必ず入らなければいけないということです。

多くの先生は部活動で心身ともに鍛えられて中学生・高校生にとって有益といいます。また部活動で育まれた友情はとても大切なものだといいます。

しかし、部活動というのはそれほどすばらしいものでしょうか。

毎日二時間、三時間も練習して家に帰ってくるときには子供は疲れ果てています。中学生・高校生にとって部活動よりも大切な勉強がないがしろになっているといってもいい状態です。

また土曜日、日曜日の休日は練習試合などで一日中かり出され家族で過ごすことができなくなっています。部活動で入った部以外のことをしたいと思っている子もいるはずです。

部活動はあり方を少し変える必要があると思います。

②教材文のリライト

部活動の是非を問う反論の訓練のためにこの教材をリライトしてみる。反論するためにリライトのポイントは次のようになる。

●不思議に思うのは部活動に必ず入らなければいけないこと→つまり部活動は必要ではない

●部活動はあり方を少し変える必要がある→つまり部活動は部分的に賛成だ

筆者の主張が部活動に賛成か反対か明確でないため読者は筆者が何を言いたいのか判断できずに反論できない。そこで教師としては反論の訓練をするために教材文をリライトする必要がある。

ポイントは主張を明確にすること、そしてその主張を支える明確な理由をつけて論証することである。

③リライトの実際

ここでは部活動そのものに反対として次のようにリライトする。

> 学校の部活動に反対
>
> 中学生B
>
> 私は学校の部活動があることに反対します。
>
> 第一に、部活動に入ると毎日二時間以上も練習に時間がとられます。これでは中学生・高校生にとって一番大切な勉強に支障をきたします。
>
> 第二に、部活動は休みの日には一日中練習試合等にかり出され家族で過ごす時間がなくなってしまいます。休みには部活動以外のことを楽しみたいという人もいるはずです。
>
> 以上の理由から私は部活動があることに反対します。

偏った意見と思われるかもしれない。しかし優れた意見文は全て偏っているのである。だからこそ反論が加えやすいので訓練として「挑発的な」偏った文章を作るべきだ。

第2節　指導の実際

1　教材文の提示

①再び教材文の条件を取り上げる

それでは中学校の教科書教材を参考に反論の訓練のための意見文を作ってみよう。ここで再び「反論の技術」の訓練のための教材文の条件を取り上げてみる。次の六つになる。

❶主張が明快であること
❷その主張を支える根拠がきちんと書かれていること
❸ある程度の長さを持っていること
❹論じるのに特殊な専門的知識を必要としないこと
❺子供の現在の生活から遊離したものでないこと
❻読み手を意識し、挑発的な文章で書かれていること

この条件に合致した意見文を書いてみよう。

②教科書教材から

「根拠を明確にして書こう」（東京書籍二年、平成二八年度版）に意見文を書く問題がある。それにしたがって意見文を書いてみよう。学習の順は「新聞記事を読む」→「Ａ（チンパンジーがコンピュータに触っている写真）、Ｂ（人間の大人・チンパンジーの大人・チンパンジーの子供の三種の実験結果の折れ線グラフ）のどちらが意見文に入れるのにふさわしいか選ぶ」→「意見文を書く」になる（実際の写真は省略）。

チンパンジーの子供の記憶力、人間の大人を上回る

人間の大人とチ……パンジーの子供の
ほうが優れている……
霊長類学者の松……ンジーの子供の三
種類を対象に、次……瞬だけ表示されて
から、すぐに白い……ら順に選んでいき、
うまくできれば正……
数字の表示時間……表示時間が短くな
るにつれて正答率……ても正答率はほと
んど下がらなかっ……率であったのに対
し、チンパンジーの……約八割であった。

教科書
p.113上段　l.4〜l.21

③主張とそれを支える根拠を考える

意見文を書くために主張とそれを支える根拠を考える。

ア　自分の立場を決める

この課題ではＡ（チンパンジーがコンピュータに触っている写真）、Ｂ（人間の大人・チンパンジーの大人・チンパンジーの子供の三種の実験結果の折れ線グラフ）、どちらの写真を選ぶかを決めることが自分の立場である。ここでは便宜的にＡとしよう。

●私はＡのチンパンジーがパソコンを触っている写真がふさわしいと思います。→自分の立場の表明（主張）

イ　主張を支える根拠を明確にする

次に主張を支える根拠を考える。第３章でも書いたが根拠はあまり多くせずに二つか三つにまとめると文章の見栄えがよくなる。

●文章の主役は誰かを考える。それはチンパンジーの子供である→根拠①

●実験の様子が読者によく分かる→根拠②

④意見文を書く

主張と根拠が明らかになったら意見文を書いてみよう。文章構成は本書の第3章に書いてあるのでそちらを参照してほしい。

私は教材にある新聞記事の写真にはＡのチンパンジーがパソコンを触っている写真がふさわしいと思います。【主張】

理由は二つあります。【根拠の予告】

第一に、この新聞記事の主役は誰かということです。この新聞記事ではチンパンジーの子供の記憶力が人間の大人を上回ることが紹介されています。つまりチンパンジーの子供のことを新聞記事は紹介しているのです。ですからチンパンジーだけ写真に写っているのはまさに主役紹介ということでふさわしいと思います。【根拠①】

第二に、写真から実験の様子がよく伝わるということです。この写真を見て実験の様子がよく分かり、「こんな高度なこともチンパンジーはできるんだ」と驚いて記事に興味を持った人も多いのではないでしょうか。記事に興味を引かせることも写真の大きな役割です。【根拠②】

以上のことから私はAのチンパンジーがパソコンを触っている写真がふさわしいと思います。【結語】

投稿者N

⑤教材文としての体裁を考える

議論として教材文に適しているかどうかを判断する。判断基準は何回も登場しているが本章第2節1①の六条件である。いつも意見文を作るときは六条件は忘れないようにしたい。

⑥反論の文章を作る

教科書ではこの意見文を書くことができれば合格であるが、本書ではさらに一段階上げてこの意見文に対し反論を書くように指導する。手順は次の通りである。

ア　教材分を分析し主張と理由を確認する

教材文の主張は先の通りになる。

●新聞記事の写真にはAのチンパンジーがパソコンを触っている写真がふさわしい

そしてそれを支える理由は次のようになる。

●文章の主役から。チンパンジーの子供だからそれを表示するべきだ　→根拠①

●実験の様子から。この実験はコンピュータの画面に触れるということがよく伝わる→根拠②

イ　理由に対して反論を考える

投稿者Nの理由に対し反論を考える。

根拠①　文章の主役がチンパンジーの子供だからということに対して

新聞記事は人間の大人、チンパンジーの大人、チンパンジーの子供の三実験の結果である。種類を対象に行った実験の結果を書いたものである。チンパンジーの子供は記憶力が一番よかったという結果が示されたにすぎない。比べられる人間の大人、チンパンジーの大人も主役と考えるべきである。

根拠②　実験の様子がよく伝わることに関して

この実験はコンピュータの画面に触れるという実験の様子を述べたものである。この写真がなくても文章だけでも実験はコンピュータを触るものということは明確に伝わる。したがってチンパンジーがコンピュータに触れている写真は必要ない。

以上のように理由に対しての反論を考えたら第3章の低学年編から紹介している通り、反論の文章の型にあてはめていくようにする。反論の文章は以下のようになる。

私はNさんの意見に反対です。【自分の立場の表明】

Nさんは写真Aを選んだ理由として新聞記事の主役を載せるのが当然ということと実験の結果がよくわかるということを挙げています。しかしこの考えは次の二つの理由で成り立ちません。【反論する箇所の引用】

第一に、文章の主役がチンパンジーの子供だからということに対してです。新聞記事は人間の大人、チンパンジーの大人、チンパンジーの子供の三実験の結果をまとめたものです。チンパンジーの子供は記憶力が一番よかったという結果が示されたにすぎません。比べられる人間の大人、チンパンジーの大人も主役と考えるべきです。【根拠①への反論】

第二に、この実験はコンピュータの画面に触れるということがよく伝わるという実験の様子に対してです。写真や図はあくまでも文章ではよく伝わらない情報を補うためにあるものです。文章だけでも実験はコンピュータの画面を触るものということは明確に伝わります。したがってチンパンジーがコンピュータに触れている写真は必要ありません。【根拠②への反論】

したがって新聞記事には写真Aがよいというさんの意見は成り立ちません。【結語】

投稿者O

⑦ **実践で注意すること**

●**主張型反論にならないために**

念のためにこの文章の型のよい点をまとめておく。それは必ず相手の意見文の論証部を引用し、そのことに反論していることだ。投稿者Oの意見文は写真Bのグラフの利点などが書かれていないことが分かるだろう。投稿者Nはグラフについては言及していないのである。それなのに投稿者Oがグラフの利点を挙げたらお互いの長所を主張するだけで主張型反論の形になり議論が収束しなくなってしまう。大事なことは相手の論証部を引用しその点だけ反論していくことである。

2　教科書での指導例

教科書では『新しい国語2』（東京書籍、平成二八年度版、二四五―二四七頁）に「反論する」のコーナーがある。ここでは主張型反論が水かけ論として紹介されている。ここではお互いの言い合いが述べられているが、本書では発展として反論の文章を書くまでの指導を紹介しよう。

①教科書教材の確認

本コーナーでは正太と高志が漫画「ドラえもん」の主役はドラえもんかのび太のどちらかということを言い争っている。どちらも自分の主張を譲らず、やり取りは自分の意見を言い合うだけの水かけ論になってしまっている。教科書に示された言い争いの原因をまとめると次のようになる。

●相手の示した根拠を全く無視している
●相手の示した根拠にどこに納得できないのかを述べて反論することが必要

②反論の仕方

教科書の記述では正太が「ドラえもんが主役」という主張に対して「タイトルが『ドラえもん』なんだから」という根拠が付け加えられている。正太に対して高志が「タイトル＝主役」とは限らないと反論している。このように「主張」「根拠」「反論」という言葉は出てくるが、それらをどのように使うのか、分かりやすい話し方のためにどのように文章構成をしたらよいのかがよく分からない。教科書にも「でも、なかなかこんなふうには反論できないなあ。反論することも、練習が必要なんだね」と感想が書かれている。それでは練習の仕方を示そう。

③立論する

それでは正太の立場に立って立論してみよう。テーマは「漫画『ドラえもん』の主役は誰か」ということである。

ア　主張する（自分の立場を決める）

ここで正太は主役はドラえもんということを主張することにする。

イ　理由を考える

ドラえもんが主役という理由について教科書では次のように書かれている。

根拠①　タイトルが「ドラえもん」だから。タイトルは主役の名前になるのは当然だ

教科書ではこれだけしか根拠は示されていないが、根拠が一つだけの意見文では教材文の条件❸「ある程度の長さを持っていること」に適さないことになる。ここでは教師として根拠になる事象を探していく。これが教材研究になる。根拠を考える上で役立つのは第4章で指導した「相手の反論を予想して、あらかじめそれに反論しておくことで自分の立論を強化する」ということである。ここで相手は「主役はのび太」ということを反論してくることを予想しそれにあらかじめ反論しておく。

根拠② 漫画「ドラえもん」はのび太の悩みと失敗の話なんだから主役はのび太という人もいるだろう。しかしそののび太の悩みや失敗を全部助けるのはドラえもんなのだから主役はドラえもんだ

以上のように主張と根拠を考え立論をまとめていく。立論は次のようになる。

漫画「ドラえもん」の主役はだれ？　正太

ぼくは　漫画「ドラえもん」の主役はドラえもんだと主張します。

理由は二つあります。

第一に、この漫画のタイトルは「ドラえもん」です。タイトルはその話の主役の名前になるのは当然のことです。

第二に、漫画「ドラえもん」はのび太の悩みと失敗の話なんだから主役はのび太という人もいるでしょう。しかしそののび太を助けるのはいつもドラえもんなのです。いつも物語を解決するのはドラえもんです。

以上のことから主役はドラえもんです。

④反論を考える

次に高志の立場に立って反論を考えてみよう。

ア　教材文を分析し主張と理由を確認する

正太の主張は次の通りである。

●漫画「ドラえもん」の主役はドラえもんである

イ　理由に対して反論を考える

正太の根拠に対して反論を考える。

根拠①　タイトルはその話の主役の名前になる。だから「ドラえもん」の主役は「ドラえもん」だ

タイトルが主役とは限らない。主役の名前がついていないタイトルはたくさんある。

根拠②　中心人物ののび太をいつも助けているのはドラえもんだ。だから主役はドラえもんである

漫画「ドラえもん」はのび太がいないと話が展開しない。だから話の中心にいるのはのび太である。だから主役はのび太だ。

⑤反論の文章を整える

正太の主張と根拠に対し反論を考えたら反論の文章構成にまとめてみる。

【正太への反論の文章例】

正太さんの主張に反論する

高志

ぼくは正太さんの意見に反論します。【自分の立場の表明】

正太さんは漫画「ドラえもん」の主役はドラえもんだと主張しています。その理由として漫画のタイトルと話の進みの二点から主役は「ドラえもん」としていますが、これはおかしいです。【反論する箇所の引用】

第一に、正太さんは漫画のタイトルは「ドラえもん」だから主役はドラえもんだと主張しています。しかし、

タイトルが主役とは限りません。主役の名前がついていないタイトルはたくさんあります。【根拠①への反論】
第二に、正太さんは中心人物ののび太をいつも助けているのはドラえもんだ。だから主役はドラえもんである、と主張しています。しかし漫画「ドラえもん」はのび太がいないと話が展開しません。いつも話の中心にいるのはのび太です。だから主役はのび太でドラえもんということは成り立ちません。【根拠②への反論】
以上のことから正太さんの主役はドラえもんということは成り立ちません。【結語】

以上のような指導過程になる。立論、反論ともに教師が文章を作成していることが分かるだろう。国語教科書にもあるように反論することは練習が必要なのである。

第3節　「反論の技術」の応用　情報リテラシーへの「反論の技術」の活用

1　情報リテラシー教育の必要性

①情報リテラシーの定義

前節で反論の訓練のためには練習が必要と教科書にも書かれていることを紹介した。それでは本節では反論の訓練の練習のために情報リテラシー教育を取り上げてみたい。なぜ情報リテラシー教育が必要かは次項で述べるが、ここでは本書で扱う情報リテラシーの定義を明らかにし、授業でどのような教育を扱うのか、具体例を述べる。

まず情報リテラシーの定義である。リテラシーというと「メディアリテラシー＝メディア（新聞や雑誌、テレビ、インターネットなど）を主体的に読み解き、活用する力」「ＩＴリテラシー＝ネットワークやセキュリティなどＩＴ関連の要素を理解して活用する力」「ネットリテラシー＝インターネットの情報を正しく理解し、適切に判断・活用できる力」が主に挙げられる。しかし本書では「情報リテラシー」を単純に「図書やコンピュータなどから得た情報を正しく理解し、それを他に発信できる能力」と定義したい。理由は生徒が情報を得るのは学校現場では図書だけ、ＩＴだけと偏ることなくインタビュー等も含め様々な媒体から情報を得ること、そして対話的な学習のためにそれを発信できる能力が必要だからである。

②問題の所在

ア　児童生徒の学習環境

ＧＩＧＡスクール構想が施行され、児童生徒には一人一台タブレットが貸与された。個々の調べ学習など、情報端末に触れる機会は格段に多くなっている。したがってそれらの端末から正確に情報を得るための学習（情報リテラシー教育）が教師側には喫緊の課題である。

イ　調べ学習の問題

一人一台のタブレットを持つことで児童生徒が物事を調べる学習はこれまでと比較にならないほど簡単になった。しかし得た情報が正確であるかどうか、自分の学習成果として発表するのに値するかどうかを考えることは減った。またタブレットは便利なため、図書などの紙ベースの媒体を遠ざけることにもつながる。図書には図書でしか得られない情報もあることを認識させるべきだ。

ウ　児童生徒の発表力の問題

情報端末から咀嚼せずに書かれた発表原稿の多くは発表には満足できないものになる。教師としてはきちんと発表の仕方も教えるべきである。

③情報リテラシーで指導すべきこと

以上のことから情報リテラシーは「紙、タブレットなど情報を得る手段を限定せずに得られた情報全てを正確に認識し、得た情報を自分で整理し、まとめたことを発表すること」とする。その手段として「反論の技術」を活用する。

2　情報リテラシーの指導例

①同じテーマで異なった主張をしている教材文を探す

前項で情報端末の普及により児童生徒が簡単に情報を得られるため、得られた情報を解釈することなしに安易に発信してしまうという問題点を指摘した。そうならないために普段から得られた情報をそのまま活用することなく「正確なのか」「他に見方はないのか」等を検討する習慣を身に付けることが必要である。そのための訓練として「反論の技術」を通し、一つの課題に対し多面的な見方ができることを理解し、自分はどう思いどのように発信するかを学習するのである。それでは具体的に学習の仕方を述べてみよう。

②課題の決定

教材文の条件❹❺にあるように生徒の生活に密着し、意見を出しやすいものにしよう。

ここでは中学生の生活に密着したものということで「中学生に制服は必要か」というテーマに決定する。

③教師による課題の与え方

この段階で賛成か、反対化を論じさせたのでは意見文指導になってしまう。あくまで「反論の技術」の訓練なので教師側としては「制服賛成派」の文章を作成し、それに反論させるようにする。したがって教師としては教材文を書く能力が求められる。

④制服賛成派の文章例

制服賛成派として作成した文章を示す。

学校の制服に賛成

中学生A

私は多くの学校で制服が義務づけられていることに賛成です。私は次の三点が特に優れていると思います。

第一に、制服は経済的に優れています。制服があれば私服が少なくて済みます。

第二に、一体感や学校に愛着心が生まれるという利点もあります。

第三に、ズボンやスカートの選択をすることで性別異和のある生徒への配慮をすることもできます。

以上のことから制服を義務化していることに賛成です。

⑤反論の文章を書く

反論の文章の型は第3章及び本章でも紹介しているのでそちらを参照していただきたい。

実際の反論例は次のようになる。

私はAさんの意見に反対です。【自分の立場の表明】

Aさんは制服に私服にはない利点として三点述べています。しかし私は次のように反論します。【反論する箇所の引用】

第一に、制服は経済的に優れていると言いますが、制服は私服よりも高価です。したがって経済的ではありま

せん。【反論一】

第二に、一体感や愛着心が生まれるということですが、学校では愛着心を育むためにいろいろな行事をしています。【反論二】

第三に、性別異和のある生徒への配慮をしているということですが、そもそも制服を取り入れなければ誰もが学校に着ていく服に神経を使う必要はなくなります。【反論三】

以上のことからAさんの主張は成り立ちません。【結語】

以上のような反論の文章を書かせるようにする。この反論文を書くことができる技術がつけば、中学生の言語事項の取得として十分である。

また本章の目的である「教師の反論の技術を教える能力」についてである。本実践のように教師は反論の訓練に取り組む前に「反論に適した文章を自作できる」「反論の型を生徒に教えることができる」という二点を習得してから子供に反論の訓練をさせるようにすることが求められる。

⑥情報リテラシー教育における「反論の技術」の意義

GIGAスクール構想が進み情報はますます得られやすくなったが、その情報を的確に解釈、評価、発信する能力も同時に求められる。そのために「反論の技術」の訓練を行う必要があるのである。

以上で「反論の技術」の訓練を終了とする。

【著者紹介】

内田　仁志（うちだ　ひとし）

1965年栃木県に生まれる。宇都宮大学教育学部教育学研究科修了。修士（教育学）。栃木県公立小中学校勤務を経て，環太平洋大学次世代教育学部准教授。担当は初等教育，国語教育。公立小中学校勤務時代より授業の傍ら研究成果を発表し，栃木県教育賞（平成25年），第31回東書教育賞奨励賞（平成27年），栃木県教育会実践賞（４回）をはじめ教員として教育関連の賞を多数受賞。また授業の成果として査読論文も含め数多くの論文を発表して，実際の教育現場の教員が授業に役立つような指導法を公開することを旨としている。

所属学会　宇都宮大学国語教育学会，日本国語教育学会，全国大学国語教育学会

国語教育選書

国語教師のための「反論の技術」入門

論理的思考力を育成する学年別訓練法

2024年８月初版第１刷刊　©著　者　内　田　仁　志

発行者　藤　原　光　政

発行所　明治図書出版株式会社

http://www.meijitosho.co.jp

（企画）木山麻衣子（校正）丹治梨奈

〒114-0023　東京都北区滝野川7-46-1

振替00160-5-151318　電話03(5907)6702

ご注文窓口　電話03(5907)6668

＊検印省略　組版所　長野印刷商工株式会社

Printed in Japan　ISBN978-4-18-158129-9